読んで楽しむ草花の事典

植物監修　小池 安比古
絵　さとう ひろみ

JN005778

成美堂出版

はじめに

道行くときに目にする名も知らない草花に、ふと心惹かれることはありませんか？　見慣れたはずの草花の美しさに、ある日はっと気づかされたことは？　草花の姿形にはどれも、それぞれの物語があります。

この本は、野を彩る草花をはじめ、花壇や公園で親しむ草花、生花店に並ぶ花まで、身近な草花２７４種を、幅広く紹介する事典です。特徴や生態に加え、その草花にまつわるエピソードや文学作品、花言葉なども取り上げ、「読んで楽しめる」ことを目指しました。また、春夏秋冬の移り変わりに従って、見頃を迎える植物を順に紹介。ページをめくるごとに、季節の歩みを感じられる構成となっています。

そして、花や葉の細部まで楽しめるように、一つひとつを、雰囲気のあるイラストでまとめました。

この事典が、あなたの身のまわりの草花の、新たな魅力を発見する一助となることを願っています。

目次

はじめに　002
この本の使い方　008

早春

フキ……010
ネコヤナギ……011
アセビ……012
ミツマタ／アケビ……013
ジンチョウゲ……014
ギンヨウアカシア／ボケ……015
マンサク／サンシュユ……016
レンギョウ……017
スノーフレーク／ハナニラ……018
ヒアシンス……019

春

ワラビ……020
タンポポ……021
ナズナ……022
ハコベ／コオニタビラコ……023
ホトケノザ／ヒメオドリコソウ……024
カラスノエンドウ／オオイヌノフグリ……025
ナノハナ……026
ツクシ……027
ヨモギ……028
カタクリ……029
ストック／ショカツサイ……030
ワスレナグサ……031
フリージア／シャガ……032
ムスカリ／ネモフィラ……033

コブシ／モクレン……034
モモ……035
ハナズオウ／ユキヤナギ……036
アンズ……037
サクラ……038
ヤマブキ……042
ゲンゲ……044
シロツメクサ／キュウリグサ……045
ノゲシ／ハルジオン……046
キンポウゲ／キツネノボタン……047
カキドオシ／タツナミソウ……048
ムラサキサギゴケ／トキワハゼ……049
スミレ……050
フタバアオイ……051
ヤエムグラ……052
ノキシノブ……053
オキナグサ……054
ハハコグサ……055
クマガイソウ／アツモリソウ……056
ヒトリシズカ……057
サクラソウ／クリンソウ……058
シバザクラ……059

ケマンソウ／ミヤコワスレ……060
キンセンカ／デージー……061
チューリップ……062
カーネーション／カスミソウ……063
ゼラニウム／アネモネ……064
ガーベラ……065
アマリリス……066
スイートピー……067
ハナカイドウ／ハナミズキ……068
シャクナゲ……069
ツツジ……070
キリ……071
フジ……072
カラタチ……074
ニワトコ……075
ライラック……076
ドウダンツツジ／コデマリ……077
サンザシ／エニシダ……078
シャクヤク……079
ボタン……080
ヒナゲシ……082
ヤグルマギク……083

スズラン……084
シラン／マーガレット……085
アイリス……086
イチハツ……087

初夏

カキツバタ……098
アヤメ／ハナショウブ……099
ショウブ……100
カルミア／サツキ……101
テイカカズラ……102
オダマキ……103
ウツギ……104
センダン……106
ハナタチバナ……107
ネムノキ……108
ヤマボウシ／ナナカマド……109
ハリエンジュ／タイサンボク……110
ナツツバキ／ノイバラ……111
チガヤ……112
ムギ／スイバ……113
バラ……114
ユリ……116
クレマチス／トケイソウ……118
カラー／ジギタリス……119

夏

キンギョソウ……120
ニチニチソウ／グラジオラス……121
オオバコ／ネジバナ……122
カタバミ／ヘビイチゴ……123
ノアザミ／ヒメジョオン……124
ヒルザキツキミソウ／ユウゲショウ……125
オオマツヨイグサ……126
アジサイ……128
クチナシ……130
ダリア……131
スベリヒユ／ハナスベリヒユ……132
マツバボタン／マツバギク……133
ムラサキ……134

ユウスゲ／オトギリソウ……135
ホタルブクロ……136
ナンバンギセル……137
ヒルガオ……138
ベニバナ……139
ドクダミ……140
ヒメツルソバ／イヌタデ……141
ホオズキ……142
ヘチマ／トキワシノブ……143
キキョウ……144
ツユクサ……145
ワタ……146
ハイビスカス／ブーゲンビレア……147
ハマナス……148
ハマユウ……149
セリ……150
ハンゲショウ／サギソウ……151
ミズバショウ……152
スイレン……153
ハス……154
アサガオ……156
ナデシコ……158
セキチク……159
カンゾウ……160
ヒオウギ……161
ヘクソカズラ／ワルナスビ……162
ゲンノショウコ／ホウセンカ……163
センニチコウ／マリーゴールド……164
サルビア／ヒャクニチソウ……165
サルスベリ……166
ノウゼンカズラ……167
ランタナ／オシロイバナ……168
キョウチクトウ／ナンテン……169
フヨウ……170
ムクゲ／ゼニアオイ……171
タチアオイ……172
オオハンゴンソウ／カンナ……173
ヒマワリ……174
ユウガオ……176
カラスウリ……177
アシ……178
ミソハギ／ソバ……180
イネ……181
クズ……182

秋

ハギ……194
オミナエシ……196
ノコンギク……197
フジバカマ……198
ワレモコウ……199
ケイトウ……200
コスモス……201
キバナコスモス／ヨメナ……202
アカネ……203
アキノキリンソウ／セイタカアワダチソウ……204
シュウメイギク／シュウカイドウ……205
ホトトギス／シオン……206
ミズヒキ……207
ツリガネニンジン……208
トリカブト／ジュズダマ……209
ススキ……210
オギ……212
リンドウ……213
ヒガンバナ……214
キンモクセイ……216
ツワブキ……217
キク……218

冬

ツバキ……226
チャノキ／ワビスケ……228
サザンカ……229
カトレア／コチョウラン……230
ポインセチア／シクラメン……231
パンジー、ビオラ……232
クロッカス／クリスマスローズ……233
ヤツデ／ビワ……234
ロウバイ……235
スイセン……236
ハボタン／フクジュソウ……238
スハマソウ／セツブンソウ……239
ウメ……240

Column

枝葉の美しい植物たち……088
ヤナギ／ミズメ
バショウ／プラタナス
ユズリハ／カエデ
ヤドリギ／タケ／マツ
草花にまつわる季節のことば……183
果実も愛でる植物たち……220
サンザシ／サンシュユ
マユミ／ナナカマド
サネカズラ／ナンテン
センリョウ／マンリョウ
コムラサキ／ヒオウギ
ヨウシュヤマゴボウ／カラタチ
カラスウリ／イチョウ
サクラにまつわることば……242

総さくいん 248

この本の使い方

季節の移り変わりに従って、見頃を迎える植物を順に紹介しています。地域や生育環境、品種などによって、見頃が前後することもあります。

季節

「早春／春／初夏／夏／秋／冬」と、季節で掲載種を分けました。花が咲かない植物は、若芽や葉の様子が見頃となる季節に掲載しています。

＊季節の区分は、開花のピーク期(早春…2～3月／春…4月／初夏…5～6月／夏…7～8月／秋…9～11月／冬…12～1月)を目安にしています。

植物名

標準和名を基準に一般的な表記を採用しています。[ ]内は、漢字表記です。

＊巻末の総さくいん(P.248～255)で、別名・別種も含め、掲載種を五十音順で紹介しています。目次で名前が見つからない場合は、参照してください。

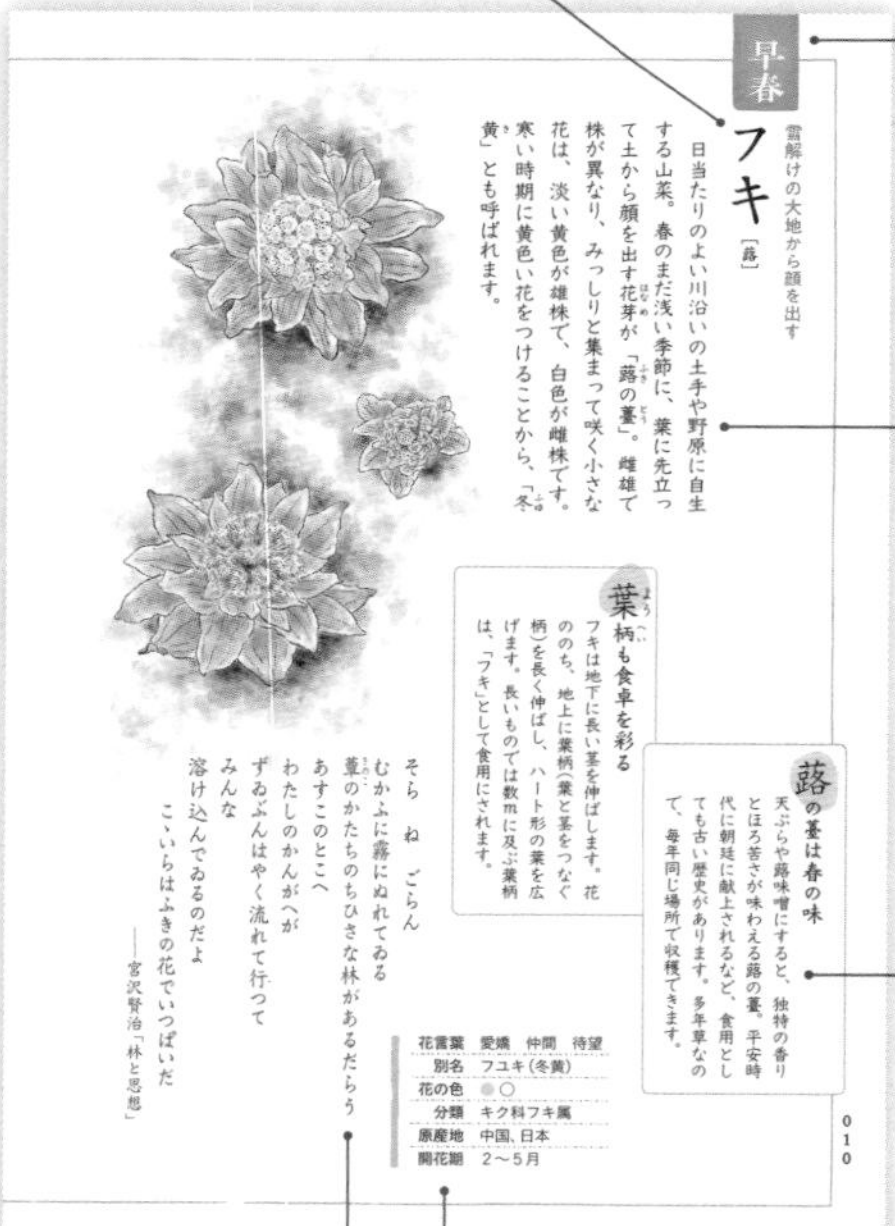

早春

フキ [蕗]

霜解けの大地から顔を出す

日当たりのよい川沿いの土手や野原に自生する山菜。春のまだ浅い季節に、葉に先立って土から顔を出す花芽《はなめ》が「蕗の薹《ふきのとう》」。雌雄で株が異なり、みっしりと集まって咲く小さな花は、淡い黄色が雄株で、白色が雌株です。寒い時期に黄色い花をつけることから、「冬黄《ふゆき》」とも呼ばれます。

葉柄《ようへい》も食卓を彩る

フキは地下に長い茎を伸ばします。花ののち、地上に葉柄(葉と茎をつなぐ柄)を長く伸ばし、ハート形の葉を広げます。長いものでは数mに及ぶ葉柄は、「フキ」として食用にされます。

蕗の薹は春の味

天ぷらや蕗味噌にすると、独特の香りとほろ苦さが味わえる蕗の薹。平安時代に朝廷に献上されるなど、食用としても古い歴史があります。多年草なので、毎年同じ場所で収穫できます。

そら　ね　ごらん
むかふに霧にぬれてゐる
蕈のかたちのちひさな林があるだらう
あすこのとこへ
わたしのかんがへが
ずゐぶんはやく流れて行つて
みんな
溶け込んでゐるのだよ
こゝいらはふきの花でいつぱいだ

――宮沢賢治「林と思想」

花言葉	愛嬌　仲間　待望
別名	フユキ(冬黄)
花の色	●○
分類	キク科フキ属
原産地	中国、日本
開花期	2～5月

010

解説文

草花の特徴や生態、名前の由来などを解説しています。

コラム

文化的・歴史的な背景を中心に、植物にまつわるエピソードを紹介しています。

データ

花言葉…代表的なものを掲載しています。花が咲かない植物には入っていません。

別名…別名があれば、代表的なものを掲載しています。

花の色…代表的なものを掲載しています。「複色《ふくしょく》」とは、複数の色が含まれている花の色です。

分類…代表的な種の科名・属名です。APG分類体系に基づき、分類しています。

原産地…植物が元々生育していた土地です。

開花期…日本でのおよその開花期です。品種や生育環境によっても異なるため、目安としての表示です。

関連する作品

この植物を題材にした短歌または俳句、詩、物語の一節などを紹介しています。作者名や、作品名もしくは歌集など収録先のタイトルを併記する場合もあります。

早春・春

寒い冬が終わり、待ち望まれた春が来ました。
「春爛漫《らんまん》」ともいうように、春は花の季節です。
庭や花壇は花々であふれ、足元は小さな野の花に、
頭上は木々に咲く花に彩られます。

雪解けの大地から顔を出す

フキ［蕗］

日当たりのよい川沿いの土手や野原に自生する山菜。春のまだ浅い季節に、葉に先立って土から顔を出す花芽《はなめ》が「蕗《ふき》の薹《とう》」。雌雄で株が異なり、みっしりと集まって咲く小さな花は、淡い黄色が雄株で、白色が雌株です。寒い時期に黄色い花をつけることから、「冬《ふゆ》黄《き》」とも呼ばれます。

葉柄《ようへい》も食卓を彩る

フキは地下に長い茎を伸ばします。花ののち、地上に葉柄（葉と茎をつなぐ柄）を長く伸ばし、ハート形の葉を広げます。長いものでは数mに及ぶ葉柄は、「フキ」として食用にされます。

蕗の薹は春の味

天ぷらや蕗味噌にすると、独特の香りとほろ苦さが味わえる蕗の薹。平安時代に朝廷に献上されるなど、食用としても古い歴史があります。多年草なので、毎年同じ場所で収穫できます。

そら　ね　ごらん
むかふに霧にぬれてゐる
蕈《きのこ》のかたちのちひさな林があるだらう
あすこのとこへ
わたしのかんがへが
ずゐぶんはやく流れて行つて
みんな
溶け込んでゐるのだよ
こゝいらはふきの花でいつぱいだ

――宮沢賢治「林と思想」

花言葉	愛嬌　仲間　待望
別名	フユキ（冬黄）
花の色	●○
分類	キク科フキ属
原産地	中国、日本
開花期	2〜5月

川辺で春の訪れを告げる

ネコヤナギ

［猫柳］

まだ寒さの残る早春、赤い花芽の皮をやぶって顔を出す銀白色の花穂《かすい》(花が集まったもの)が、いち早く春の訪れを告げます。日本全国の川辺に自生するヤナギの一種。雌雄で株が異なり、葉よりも早く花穂が出るのが特徴です。枝ぶりの美しさから、華道の花材にもよく利用されています。

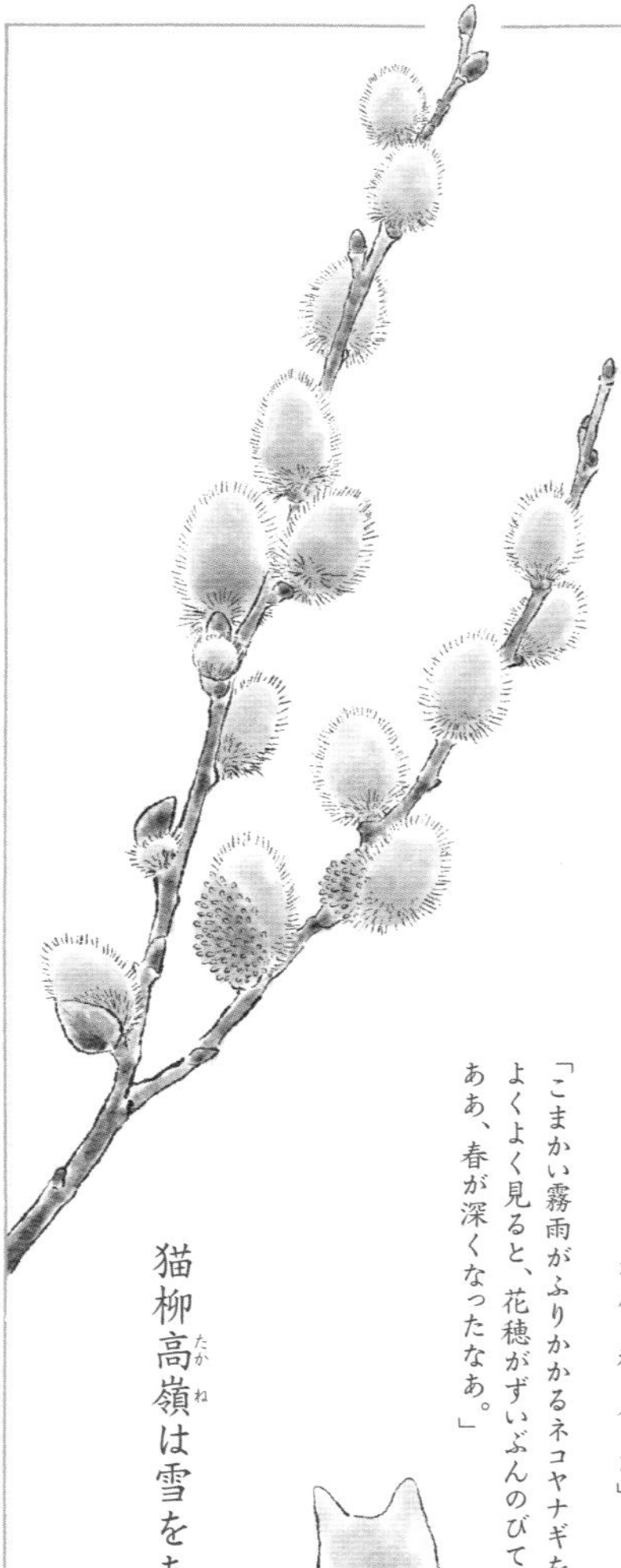

猫のしっぽを思わせる花穂

名前の由来は、ふわふわの毛に覆われた、猫のしっぽのような白い花穂。別名「狗柳《えのころやなぎ》」の「えのころ」は、「犬の子」という意味で、こちらは犬のしっぽにたとえています。

霧雨《きりさめ》のこまかにかかる猫柳
つくづく見れば春たけにけり
——北原白秋「雀の卵」

「こまかい霧雨がふりかかるネコヤナギをよくよく見ると、花穂がずいぶんのびている。ああ、春が深くなったなあ。」

猫柳高嶺《たかね》は雪をあらたにす
——山口誓子《せいし》

花言葉	自由
別名	カワヤナギ(川柳、河柳)、エノコロヤナギ(狗柳)
花の色	○ ● ●
分類	ヤナギ科ヤナギ属
原産地	中国、日本
開花期	2～4月

こぼれるように咲き誇る

アセビ ［馬酔木］

早春、釣鐘形の小さな花が、枝先に鈴なりになり、房のように垂れ下がります。葉はつやがあって硬く、冬でも葉を落とさないので、庭木としても用いられます。白い花をつける原種のほか、淡い紅色や赤色の園芸品種もあります。かわいらしい花をつけますが、枝や葉には毒があります。馬が食べると酔ったようにふらつくことから「アシシビレ」、転じて「馬酔木《あせび》」と名づけられました。

わが背子《せこ》にわが恋ふらくは奥山の
馬酔木《あしび》の花の今盛りなり

——よみ人しらず「万葉集」

「あなたを思う私の恋心は、
奥山で人知れず咲く
アセビの花のように今真っ盛りです。」

恋心や繁栄と結びつく

『万葉集』では、10首でアシビが詠まれています。「あしびなす」は、「馬酔木の花が咲き栄えているように」という意味で、「栄《は》ゆ」にかかる枕詞です。こぼれるように咲く様子が、あふれ出る恋心や繁栄のイメージに結びつきました。

花言葉	清純な心　献身　犠牲
別名	アシビ（馬酔木）、ウマクワズ（馬不食）
花の色	○ ● ●
分類	ツツジ科アセビ属
原産地	日本
開花期	2〜4月

三椏の
はなやぎ咲ける
うららかな
——芝《しば》不《ふ》器《き》男《お》

3つに分かれた枝先に花が咲く

ミツマタ［三椏］

枝が3本に分岐して伸び出ることから名づけられました。枝先に球状に集まって咲く黄色い小花は、甘い香りを漂わせます。強くしなやかな樹皮は製紙原料として日本の紙幣にも用いられるほどで、花言葉は「強靭」。「肉親の絆」は、必ず3つに枝分かれすることから、それぞれを父・母・子に見立てて。

花言葉	強靭　肉親の絆
別名	ミツマタコウゾ（三椏楮）
花の色	● ●
分類	ジンチョウゲ科ミツマタ属
原産地	中国
開花期	３～４月

春は若芽と花を、秋は果実を楽しむ

アケビ［木通］

山野に自生するつる性植物。花びらに見えるものは、大きながく。雌雄同株で、雌花の方がひと回り大きく、数本のめしべがあります。秋に薄紫色の果実をつけ、縦に割れることから、「開け実（あけび）」と名づけられました。乳白色の果肉は甘く、食用になります。新芽も山菜として食べられます。

花言葉	才能　唯一の恋
花の色	●
分類	アケビ科アケビ属
原産地	中国、朝鮮半島、日本
開花期	３～５月

花開くときに強い芳香を放つ

ジンチョウゲ

［沈丁花］

春の花の中でも際立って高い香りを放つ花。十字形の花が、球状に集まって咲きます。花には花びらがなく、花びらに見えるのはがく片です。開花時は、特に香りが強く漂います。香りを香木の「沈香《じんこう》」に、花の形を「丁《ちょう》字《じ》(クローブ)」にたとえて、この名がつけられました。雌雄異株ですが、日本ではほとんどが雄株なので、結実しません。常緑樹であることを讃えて、花言葉は「栄光」「不滅」。

一《ひと》片《ひら》を解き沈丁《じんちょう》の香となりぬ

——稲畑汀子《ていこ》

「小さなつぼみの一片をほころばせたジンチョウゲ。あふれ出す芳香が、早い春を知らせている。」

花言葉	栄光　不滅
別名	ズイコウ(瑞香)、チョウジグサ(丁字草)
花の色	○●
分類	ジンチョウゲ科 ジンチョウゲ属
原産地	中国
開花期	3〜4月

野外劇
はじまるミモザ
降る下に

——星野立子

春を彩る「ミモザ」の花

ギンヨウアカシア

春先、ふわふわとした黄色い花が房状に集まって咲く、通称「ミモザ」。木を覆うように咲き誇る、鮮やかな黄色が目を引きます。ミモザとは本来、オジギソウの仲間を指しますが、現在の日本ではマメ科アカシア属の樹木を総称します。ギンヨウアカシアは、銀色がかった美しい葉も特徴です。

花言葉	友情　秘めやかな愛
別名	ミモザ
花の色	●
分類	マメ科アカシア属
原産地	オーストラリア
開花期	2～4月

鮮やかな花の色が目を引く

ボケ［木瓜］

平安時代に、中国大陸から渡来したバラ科の低木です。秋にはウリに似た実をつけることから、「木瓜」と呼ばれるようになりました。春、葉に先立って花を咲かせます。花びらの色は、単色のほか、一輪に複数の色が混じる「絞り」など多彩。11月頃から咲き出すカンボケ（寒木瓜）という品種もあります。

花言葉	先駆者　早熟
別名	カラボケ（唐木瓜）
花の色	● ○ ● ● 複色
分類	バラ科ボケ属
原産地	中国
開花期	3～5月

「豊年満作」の願掛けに

マンサク

［満作／万作］

早春の野山でいち早く、ちぢれた黄色い花びらを持つ小花が一斉に花開きます。花つきがよければ豊作、少なければ不作など、イネの作柄を占う植物としても知られます。春になれば「まず咲く」ことや、「豊年満作」という言葉からついた名前。枝がしなやかで強く、薪《まき》をしばるときに使われました。その際には、「ネソ」と呼ばれました。

花言葉	幸福の再来
別名	ネソ
花の色	● ●
分類	マンサク科マンサク属
原産地	日本
開花期	2～3月

山茱萸や
まばたくたびに
花ふえて

――森 澄雄

春は黄金、秋は珊瑚に

サンシュユ

［山茱萸］

開花すると、木全体が鮮やかな黄色に包まれます。花は、黄色の小花が30個ほど集まり、球状になって咲きます。秋には美しい赤い果実を実らせるため、別名は「秋珊瑚《あきさんご》」。実は乾燥させて、漢方薬としても利用されます。江戸時代中期に、薬用として朝鮮半島から渡来しました。

花言葉	耐久　持続　気丈な愛
別名	ハルコガネ（春黄金）、アキサンゴ（秋珊瑚）
花の色	●
分類	ミズキ科ミズキ属
原産地	中国、朝鮮半島
開花期	3～4月

枝もたわわに花開く

レンギョウ［連翹］

春先、枝いっぱいに鮮やかな黄色い小花を咲かせます。花を追うように、淡い緑色の葉が芽吹きます。公園などに多いシナレンギョウは、直立する樹形が特徴。品種によって樹形にちがいがあり、枝が長く伸びて垂れ下がるものもあります。鈴なりに花が咲くことから、英名は「ゴールデン・ベル」。

連翹のまぶしき春のうれひかな

——久保田万太郎

連翹の
花のたわみを
とびこえて
啼《な》くうぐひすの
時にちかづく

——太田水穂《みずほ》

「レンギョウの花枝が描くしなやかな曲線を、うぐいすが飛び越えては鳴き、時おり近づいてくる。」

高村光太郎も愛した

彫刻家で詩人の高村光太郎も、庭に植えたレンギョウを愛したそう。そのため、4月2日の光太郎忌を「連翹忌」とも呼びます。春を待ち望むように花開く姿から、「希望」という花言葉が生まれました。

花言葉	希望　遠い記憶
別名	レンギョウウツギ（連翹空木）
花の色	●
分類	モクセイ科レンギョウ属
原産地	中国
開花期	3～4月

スノーフレーク

ひとひらの雪のように小さな花

花の名前を日本語にすると「ひとひらの雪」。伸びた茎の先に、スズランに似た小さな花が1〜4個、うつむいてぶら下がります。花びらの先端に小さな緑色の斑点が入ることが特徴。ほのかにスミレのような香りもします。細長い葉はニラに似ますが、有毒なので誤食に注意。

花言葉	純粋　汚れなき心　純潔
別名	オオマツユキソウ（大待雪草）、スズランスイセン（鈴蘭水仙）
花の色	○
分類	ヒガンバナ科スノーフレーク属
原産地	中央ヨーロッパ、地中海沿岸
開花期	3〜4月

ハナニラ

夜空に輝く星に似た花

中央にすじがある花弁を持つ六弁花。名前の通り、葉や球根にはニラのような匂いがします。キリストの誕生を知らせたという星に見立て、「ベツレヘムの星」とも呼ばれます。地上に現れるのは春のみですが、地下の球根で増える多年草。毎年同じ場所で見られます。同名で食用になるハナニラとは異なり、こちらは有毒です。

花言葉	悲しい別れ　耐え忍ぶ愛
別名	ベツレヘムノホシ（ベツレヘムの星）
花の色	○●●●
分類	ユリ科ハナニラ属
原産地	南アメリカ
開花期	2〜5月

早春を彩るパステルカラーの競演

ヒアシンス

ヒアシンスは16世紀頃、オスマン帝国を通してヨーロッパに広まり、チューリップやスイセンなどと共に人気を博しました。日本にもたらされたのは幕末です。花壇に鉢植え、水栽培と、多彩な育て方が楽しめる花。太い花茎に小さな花が房状について、甘い香りを漂わせます。花は本来の青紫色のほか、赤や黄、白など、多彩な園芸品種があります。

ギリシャ神話の美少年が語源

花の名は、ギリシャ神話に登場する美少年・ヒュアキントスに由来します。ヒュアキントスは、彼をめぐる太陽神アポロンと西風の神ゼピュロスの争いに巻き込まれて命を落とします。彼が流した血から、紫色のヒアシンスが咲いたそう。花言葉もこの神話から。

片恋の
わが世さみしくヒヤシンス
うすむらさきに
にほひそめけり

――芥川龍之介

「片思いの私の、人生はなんだか物足りない。そんなときに薄紫色のヒアシンスが輝くばかりに咲き始めたことだなあ。」

花言葉	変わらぬ愛　悲哀
別名	ヒヤシンス、フウシンシ（風信子）
花の色	●●●○●●
分類	ヒアシンス科ヒアシンス属
原産地	ギリシャ、シリア、トルコ
開花期	３～４月

日当たりのよい山地に群生する

ワラビ［蕨］

ゼンマイと並んで親しまれる春の山菜のひとつ。日当たりのよい山地や道端で見られます。葉が開き始める前の、小さな握りこぶしのような若芽を採って食べます。芽を出したばかりのワラビを「早蕨《さわらび》」といいます。

石《いわ》ばしる垂水《たるみ》の上のさ蕨《わらび》の
萌え出づる春になりにけるかも

——志貴皇子《しきのみこ》「万葉集」

「春の雪解けとともに勢いよく流れてきた水が滝のようになっているあたりに、ワラビが芽吹いている。ああ、春になったのだなあ。」

この春は誰にか見せむ亡き人の
かたみに摘める峰のさわらび

——「源氏物語」

「この春の贈り物を誰に見せればいいのでしょう。亡き人の形見に摘んでいただいた峰の早蕨を。」

春を知らせる「早蕨」

『源氏物語』第48帖の巻名は「早蕨」。物語中では、父と姉を亡くした中の君（匂宮《におうのみや》の妻）が、古い知り合いから贈られた早蕨を見て、孤独の悲しみを歌に吐露しています。

別名	サワラビ（早蕨）、ワラビテ（蕨手）
分類	コバノイシカグマ科ワラビ属
原産地	日本
開花期	花は咲かない

道端や野原に咲く身近な花

タンポポ［蒲公英］

日本では約20種のタンポポが見られますが、町中で最もよく見かけるのは、外来種の「セイヨウタンポポ」です。花びらに見える部分は小さな花の集まり（花序《かじょ》）です。つぼみの形が鼓に似ているので、「タンポンタンポン」という鼓を打つ音が名前になったといわれています。

足の下に時々蒲公英を踏みつける。（中略）
気の毒な事をしたと、振り向いて見ると、
黄色な玉は依然として鋸《のこぎり》のなかに鎮座して居《い》る。
呑気なものだ。

——夏目漱石「草枕」

注 「鋸」とは漱石によるタンポポの葉の例え。

いつしかに
春の名残《なごり》となりにけり
昆布干場《ほしば》のたんぽぽの花

——北原白秋「桐の花」

外来種かどうかの見分け方

セイヨウタンポポは、総苞片《そうほうへん》（花の集まりである花序を包む葉）が反り返るのが特徴。カントウタンポポなど在来種は反り返りません。ただし外来種と在来種の交雑も進み、今では日本のタンポポの約8割が交雑種といわれます。

花言葉	神のお告げ　別離
別名	ツヅミグサ（鼓草）
花の色	●○
分類	キク科タンポポ属
原産地	日本、ユーラシア大陸
開花期	３〜９月

次々とつぼみを開く愛らしさ

ナズナ［薺］

春の野を彩る、なじみ深い野草。新年に土から顔を出す若葉は、春の七草の一つです。ハート形の実が三味線を弾くバチに似ることと、茎を揺らすと実がぶつかり合ってペンペンと音が出ることから、「ペンペン草」とも呼ばれます。英名の「shepherd's purse（羊飼いの財布）」は、実の形を財布に見立てて。財布ごと捧げるというイメージから、花言葉「すべてを捧げます」が生まれたようです。

お正月の風習「薺打《なずなうち》」

ナズナは春の七草の代表的な存在。かつては「薺打」という風習があり、七草粥を調理する際に、七草を包丁の背などでとんとんとたたきながら歌を歌ったそうです（歌詞には諸説あり）。

よくみれば
薺花さく垣根かな
——松尾芭蕉

七草なずな
唐土《とうど》の鳥が
日本の国に
渡らぬさきに
七草なずな
民謡「七草の歌」

花言葉	すべてを捧げます
	君を忘れない
別名	ペンペングサ、
	シャミセングサ（三味線草）
花の色	○
分類	アブラナ科ナズナ属
原産地	西アジア
開花期	３〜６月

ハート形の花びらが特徴

ハコベ［繁縷］

春の七草の一つ。五弁花ですが、一枚の花弁にハート形に深い切れ込みが入るため、10弁のように見えます。古くは「ハコベラ」と呼ばれ、茎が緑色なので、「ミドリハコベ」とも呼ばれます。仲間には、茎が赤紫色で帰化植物のコハコベや、大型のウシハコベがあります。

花言葉	初恋の思い出
別名	ハコベラ（繁縷）、 ミドリハコベ（緑繁縷）
花の色	○
分類	ナデシコ科ハコベ属
原産地	中国
開花期	3～9月

田にはりつくように生える

コオニタビラコ［小鬼田平子］

春の七草の一つで、「ホトケノザ」とも呼ばれます。葉は赤みがかっていることもあります。別種に、コオニタビラコより背の高いオニタビラコや、ホトケノザ（P.24）があるうえ、キュウリグサ（P.45）の別名を「タビラコ」とする場合もあり、まぎらわしいので注意。

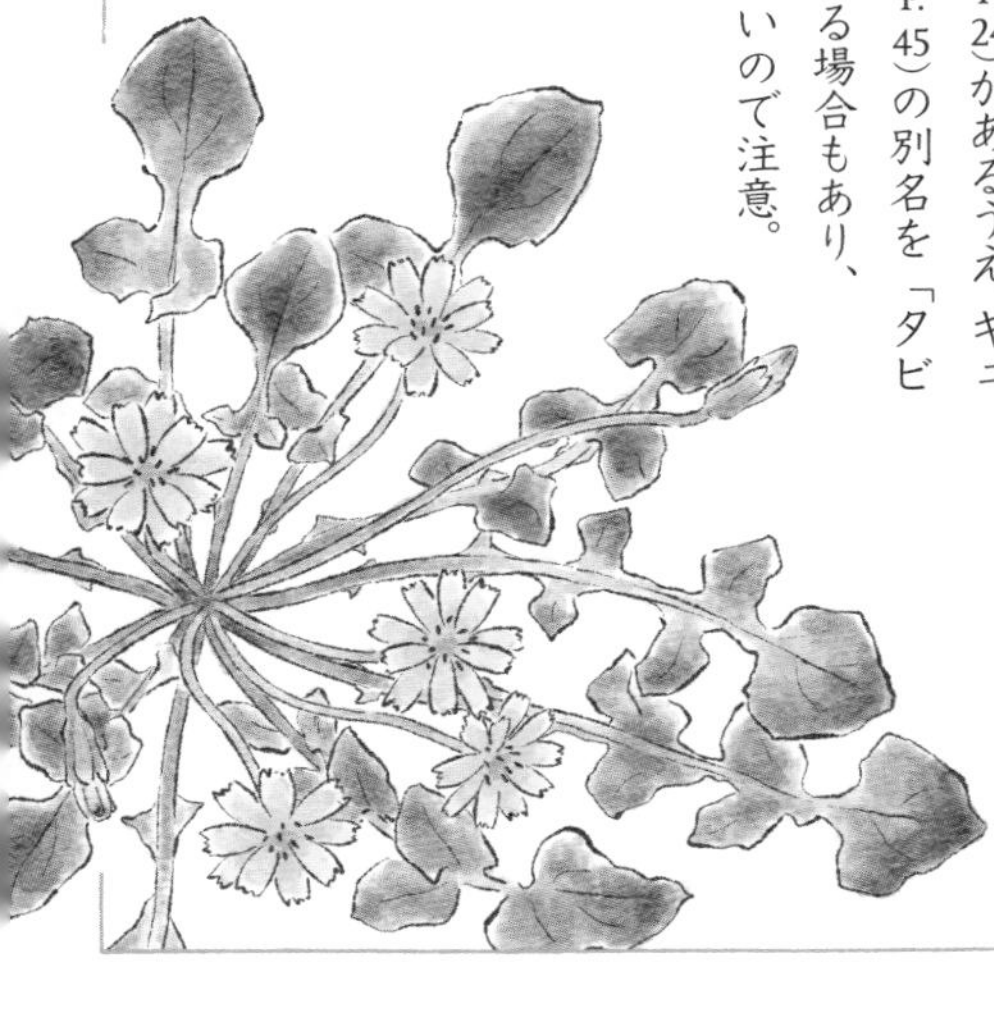

花言葉	調和　仲間と一緒に
別名	タビラコ（田平子）、 ホトケノザ（仏の座）
花の色	●
分類	キク科ヤブタビラコ属
原産地	日本
開花期	3～5月

春の七草の一つとは別の花

ホトケノザ［仏の座］

茎を囲むようにつく半円形の葉を、仏の座るハスの花に見立てて、名前がつきました。葉が段々につくので、「サンガイグサ(三階草)」とも呼ばれます。小さなつぼみ状の花を抜いて吸うと、甘い蜜が味わえます。春の七草の「ホトケノザ」は、この花ではなくコオニタビラコ(P.23)を指します。

花言葉	調和　輝く心
別名	サンガイグサ(三階草)
花の色	●
分類	シソ科オドリコソウ属
原産地	ヨーロッパ
開花期	4〜6月

葉に隠れるように小さな花が咲く

ヒメオドリコソウ［姫踊子草］

明治時代にヨーロッパから来た外来種。ハート形の葉の間から、薄紫の花がのぞきます。茎の上部の葉は赤紫色を帯びています。花の形が、笠をかぶった踊り子に似ます。また、在来種のオドリコソウに似ますが、少し小型なことから、「ヒメオドリコソウ」と名づけられました。

花言葉	春の幸せ　愛嬌
花の色	●
分類	シソ科オドリコソウ属
原産地	ヨーロッパ
開花期	4〜5月

小さな豌豆《えんどう》に似た実をつける

カラスノエンドウ［烏野豌豆］

小型のエンドウのような春の野草。若い実や芽の先は、食べるとサヤエンドウに似た味わいです。「カラス」は、熟したサヤや豆が黒くなるため。葉の根元から蜜を出す「花外蜜腺《かがいみつせん》」があり、アリが群がる様子も見かけます。アリがいると、葉を食べる虫が寄ってきません。

花言葉	小さな恋人たち 喜びの訪れ　未来の幸せ
別名	ヤハズエンドウ（矢筈豌豆）
花の色	●
分類	マメ科ソラマメ属
原産地	地中海沿岸
開花期	３〜６月

名前の由来は実の形から

オオイヌノフグリ［大犬の陰嚢］

明治時代にヨーロッパから来た外来種。茎を地面に這うように伸ばし、道端や草地に群生します。青く小さな花は、夜空の星のように可憐。日中に暖かくなると開き、夕方には閉じます。ハートを逆さにしたような実の形が犬の「ふぐり」（陰嚢）に似るため、名前がつきました。

いぬふぐり
星のまたたく
如くなり
——高浜虚子

花言葉	忠実　信頼　清らか
花の色	●
分類	オオバコ科クワガタソウ属
原産地	ヨーロッパ
開花期	３〜５月

鮮やかな黄色で春の野を染める

ナノハナ
［菜の花］

「ナノハナ」は、アブラナ科アブラナ属の花の総称。日本にも在来種がありましたが、明治時代に入って来たセイヨウアブラナに取って代わられました。現在見られるナノハナの多くは、セイヨウアブラナが野生化したもの。熟した実の中にある種を搾って食用油にするので、「アブラナ（油菜）」と呼ばれます。近年は、バイオ燃料としても役立っています。咲ききる前の花や茎も食用となり、春先に出回ります。特有のほろ苦さが魅力です。

花言葉	小さな幸せ　快活な愛　明るさ
別名	ハナナ（花菜）、ナバナ（菜花）、アブラナ（油菜）
花の色	●
分類	アブラナ科アブラナ属
原産地	ヨーロッパ
開花期	3〜5月

司馬遼太郎の命日「菜の花忌」

司馬遼太郎は黄色い花が好きで、書斎の前にナノハナを植え、春の開花を楽しみにしたそうです。『菜の花の沖』という作品もあるため、命日の2月12日は「菜の花忌」と呼ばれています。

いちめんのなのはな
いちめんのなのはな
いちめんのなのはな
いちめんのなのはな
いちめんのなのはな
いちめんのなのはな
いちめんのなのはな
かすかなるむぎぶえ
いちめんのなのはな

——山村暮鳥「風景　純銀もざいく」

大地から筆のような顔を出す

ツクシ［土筆］

ツクシの名前は、古名「つくづくし」の略称です。漢字表記の「土筆」は、立ち姿が地面に立てた筆のように見えるため。先端の穂から、黄緑の粉状の胞子を出して風に飛ばします。胞子を出し終えた頃に伸びるスギナ（杉菜）は、ツクシと地下茎でつながる同じ植物。ツクシが立ち枯れる頃には、スギナが背を伸ばして増え、辺りを緑で覆います。

別名	スギナ（杉菜）、ジゴクソウ（地獄草）、ツクシンボ、ツクヅクシ
分類	トクサ科トクサ属
原産地	アジア、アメリカ、ヨーロッパなど北半球
開花期	花は咲かない

食べて独特の苦みを楽しむ

ツクシは固い袴を取り、茹でてアク抜きをすると、卵とじや佃煮などで楽しめます。苦みの正体は胞子。特に胞子を飛ばしきる前の、頭の部分が開ききらない若いツクシに多く含まれます。

菜の花や
月は東に
日は西に
――与謝蕪村

まま事《ごと》の
飯《めし》もおさいも
土筆かな
――星野立子

「餅草」として身近な野草

ヨモギ［蓬］

「ハーブの女王」として知られる、身近な野草。道端や草地などでよく見かけます。葉には深く切れ込みが入り、独特の香りがあります。早春に若葉を摘んで草餅に使うことから、「モチクサ(餅草)」の名前も。また、葉の裏に生えた白い綿毛をお灸に用いることから、「モグサ(艾)」とも呼ばれます。風の力で受粉する風媒花《ふうばいか》なので、虫を寄せるために目立つ必要はなく、夏に咲く花は控えめです。

花言葉	幸福　夫婦愛　決して離れない
別名	モチクサ(餅草)、 モグサ(艾)、サシモグサ(さしも草)
花の色	●
分類	キク科ヨモギ属
原産地	日本
開花期	8～10月(新芽の時期は春)

「さしも草」の名前も

お灸(もぐさ)の別名「さしも草」として、和歌に詠み込まれてきました。ヨモギの名産地として知られる伊吹山《いぶきやま》(滋賀県、岐阜県)に続けて使い、「さしも(そんなにも)」を導くことが多い語です。

かくとだにえやは伊吹《いぶき》のさしも草
さしも知らじな燃ゆる思ひを

——藤原実方《さねかた》「後拾遺和歌集」

「こんなにお慕いしていると言えるわけもなく、それほどまでとあなたは知らないでしょう。伊吹山のもぐさ(ヨモギ)がくすぶって燃えているような私の思いを。」

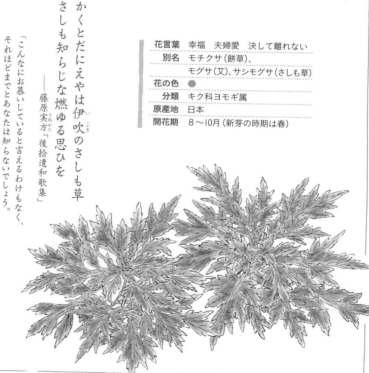

早春の山間《やまあい》につかの間姿を現す

カタクリ［片栗］

春のひととき、姿を現す「スプリング・エフェメラル（春の妖精）」の一つ。落葉樹林の湿地などに群生し、細い花びらをくるりと反り返らせて、うつむくように優しく咲きます。日ざしのない日は花を開きません。種から開花までに6～7年もかかりますが、花はひと時。春の終わりには種を残して枯れてしまいます。万葉の時代から、「カタカゴ（堅香子）」として愛されてきた花ですが、近年は数を減らしています。

地下の球根が片栗粉になる

地下の球根にはデンプンが多く、かつてはそれで片栗粉がつくられました。生産量が少なく高価なため、現在の片栗粉はジャガイモが原料です。

物部《もののふ》の八《や》十《そ》少女《をとめ》らが汲みまがふ
寺《てら》井《い》の上の堅香子《かたかご》の花

——大伴家持「万葉集」

「たくさんの娘たちが入り乱れて
にぎやかに水を汲んでいるように、
寺の井戸のほとりに咲くカタクリの花よ。」

花言葉	初恋　寂しさに耐え抜く
別名	カタカゴ（堅香子）
花の色	●
分類	ユリ科カタクリ属
原産地	日本を含む北東アジア
開花期	３～５月

まっすぐに伸びて
可憐に花咲く

ストック

世界各地で観賞用に育てられている園芸品種です。茎をまっすぐに伸ばすことから、英語で「幹」を意味するストックという名がつけられました。そのまっすぐな姿に重ねて、かつてフランスの男性は、心に決めた女性への一途な愛を表すため、ストックを帽子に入れて歩いたといいます。

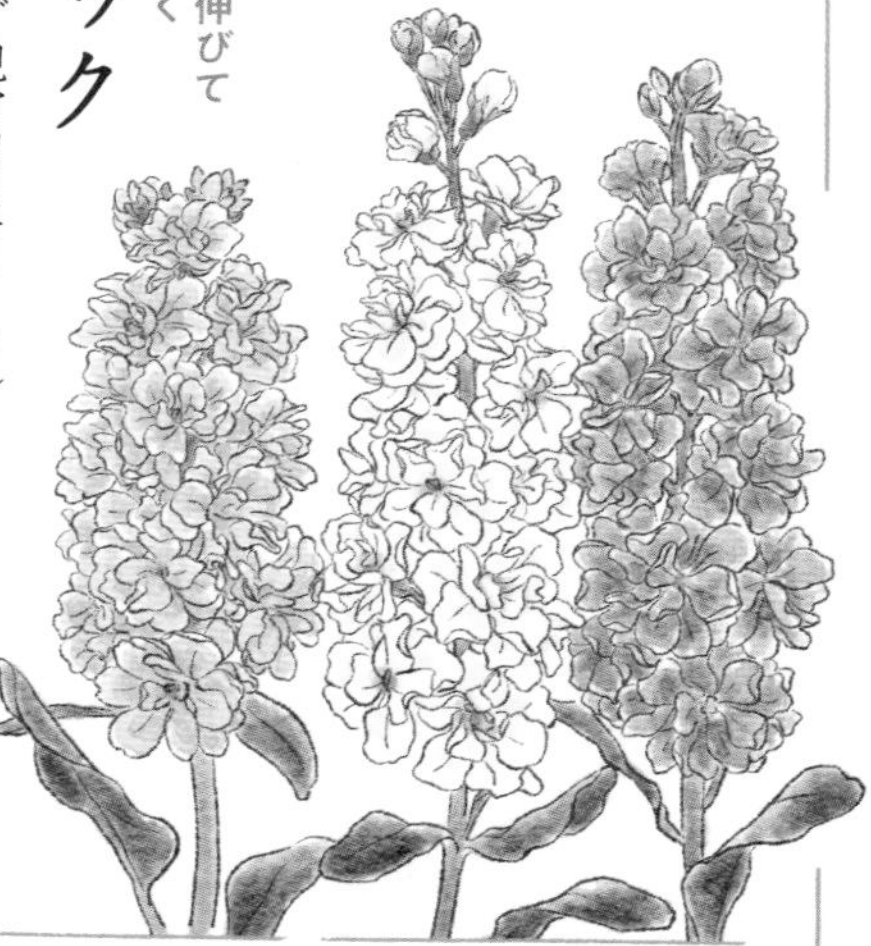

花言葉	愛の絆
別名	アラセイトウ（紫羅欄花）
花の色	◐○●●●
分類	アブラナ科アラセイトウ属
原産地	南ヨーロッパ
開花期	11〜翌5月

野に群れ咲く紫色の菜の花

ショカツサイ［諸葛菜］

大根の花に似た、十字形の薄紫色の花を咲かせます。観賞用に栽培されるほか、野生化しているものも多く見られます。名前は、中国の三国時代、諸葛孔《しょかつこう》明《めい》が栽培を奨励したという伝承に基づきます。種から油がとれるため、紫の菜の花という意味で、「ムラサキハナナ（紫花菜）」とも呼ばれます。

花言葉	聡明
別名	オオアラセイトウ（大紫羅欄花）、ムラサキハナナ（紫花菜）、シキンサイ（紫金菜）
花の色	●
分類	アブラナ科ムラサキハナナ属
原産地	中国
開花期	3〜5月

悲しい言い伝えが名前の由来

ワスレナグサ［勿忘草］

青空を映したような水色の可憐な花。中央部に黄色または白色の「目」があります。観賞用に栽培されるほか、高原の湿地などで野生化しています。原産地のヨーロッパでは多年草ですが、日本では暑さに負けて夏に枯れるため、春に咲く一年草として扱われます。

ながれのきしのひともとは、
みそらのいろのみづあさぎ、
なみ、ことごとく、くちづけし
はた、ことごとく、わすれゆく。

——ウィルヘルム・アレント　訳／上田 敏「わすれなぐさ」

「川岸に咲く一本のワスレナグサは、空の色の水浅葱《みずあさぎ》（緑がかった薄い青）。波はことごとく花に口づけするけれども、流れ去って何もかも忘れてゆく。」

名前の由来はドイツの伝説

ドナウ川のほとりを歩いていた恋人同士。女性が河岸に咲く青い花を欲しがるので、男性が川に入り花を手折ったものの、急流に足を取られて流されてしまいます。ワスレナグサの名は、彼が花を岸辺に投げ、「私を忘れないで」と叫んで水中に消えたという、悲しい伝説から生まれた名前です。

花言葉	私を忘れないで　真実の愛
別名	ヒメムラサキ（姫紫）、ルリソウ（瑠璃草）
花の色	●●●●
分類	ムラサキ科 ワスレナグサ属
原産地	ヨーロッパ
開花期	３〜６月

小さなラッパに似た花が並ぶ

フリージア

弓なりに伸びる花柄《かへい》に沿って、漏斗《ろうと》形の小ぶりな花が並んで咲きます。花は根元から先端に向けて、順に開いていきます。漂う甘い香りにはリナロールという香り成分が含まれており、心を落ち着かせる効果もあります。陰影のない明るい花色から、花言葉は「あどけなさ」。

花言葉	あどけなさ　多くの人に愛されてきました
別名	コウセツラン（香雪蘭）、 アサギズイセン（浅黄水仙）、 ショウブスイセン（菖蒲水仙）
花の色	◯◯●◯◯◯◯
分類	アヤメ科フリージア属
原産地	南アフリカ
開花期	３～４月

蝶が舞っているような美しさ

シャガ［射干／著莪］

アヤメに似ていますが、花はやや小ぶり。地下茎を伸ばして広がり、林の日陰などに群生しています。アヤメの仲間唯一の常緑性で、冬でも緑の葉が残ります。花びらに見える外花被《がいかひ》（がく）が細かく切れ込み、房飾りのように見えることから、英名は「フリンジアイリス」。

花著莪《しゃが》に
涙かくさず
泣きにけり
——長谷川かな女

花言葉	友人が多い　私を認めて
別名	コチョウカ（胡蝶花）
花の色	◯
分類	アヤメ科アヤメ属
原産地	中国
開花期	４～５月

小さなブドウの粒に似た花

ムスカリ

低い草丈の花ながら、小花が茎の上部にブドウの房のように集まる姿は、独特の存在感があります。名前はギリシャ語で「麝香《じゃこう》」を意味する「ムスク」に由来しますが、品種によっては香りが少ないものも。花言葉は、ヨーロッパでは紫色が悲しみを表すこともあるためです。

花言葉	失意　悲嘆
別名	ブドウヒアシンス（葡萄風信子）
花の色	●●○
分類	ヒアシンス科ムスカリ属
原産地	ヨーロッパ
開花期	３～５月

森の妖精のようにかわいらしい

ネモフィラ

近年、ネモフィラの大規模な花畑が、シバザクラやコスモスと並び、観光名所として人気を集めています。花畑では、青空と一面の花の青が一体化し、幻想的な美しさが楽しめます。美しい花の色から、別名は「ルリカラクサ（瑠璃唐草）」。花言葉の「成功」は、こぼれ種でどんどん増えることから。

花言葉	成功
別名	ルリカラクサ（瑠璃唐草）
花の色	●●○
分類	ハゼリソウ科ルリカラクサ属
原産地	北アメリカ
開花期	３～５月

野山の春に先がけて咲く

コブシ［辛夷］

各地の山野に自生し、高い梢に白い花をつけて、春の訪れを告げます。庭や公園にも広く植えられています。名前の由来は、つぼみが子どもの握りこぶしを思わせることから。昔、開花を田植えの準備を始める目安としたので、「タウチザクラ（田打桜）」とも呼ばれます。

花言葉	友情　歓迎
別名	タウチザクラ（田打桜）、タネマキザクラ（種蒔桜）
花の色	○
分類	モクレン科モクレン属
原産地	朝鮮半島、日本
開花期	4月

枝先に咲く紅紫色の花が印象的

モクレン［木蓮］

葉が出る前の枝先に、濃い赤紫の六弁花を上向きにつけます。花がハス（P.154）に似るため、「木蓮」と呼ばれるようになりました。モクレンといえば紫の花を指し、白い花は「ハクモクレン（白木蓮）」「ハクレン」と呼ばれます。天に向かって誇らしげに開くことから、花言葉は「自然への愛」。

木蓮に
日強くて風さだまらず

——飯田蛇笏《だこつ》

花言葉	自然への愛　持続性
別名	シモクレン（紫木蓮）、ハクモクレン（白木蓮）、ハクレン
花の色	●○
分類	モクレン科モクレン属
原産地	中国
開花期	4月

邪気を祓《はら》う力があると信じられた

モモ［桃］

寒気の緩む頃、葉に先立って桃色の五弁花を咲かせます。古来、中国では邪気を祓う木として、庭などに植えられてきました。また、モモは女の子の成長を寿《ことほ》ぐシンボル。現在の「桃の節句」に出回る花は促成栽培ですが、旧暦の3月3日は現在の3月下旬～4月上旬。ちょうどモモの花がほころぶ頃でした。

春の苑《その》
紅《くれない》にほふ
桃の花
下《した》照《で》る道に
出《い》で立つをとめ

——大伴家持「万葉集」

「春の庭に、
紅色のモモの花が
輝くように咲いている。
花の色が美しく
照り映える道に、
立ち現れる少女よ。」

白《しら》桃《もも》や
蕾《つぼみ》うるめる枝の反《そ》り

——芥川龍之介

「春の露のせいか、
白桃はつぼみを
しっとりと潤ませ、
枝を反らせている。」

花言葉	気立てのよさ　天下無敵
花の色	● ○ ●
分類	バラ科モモ属
原産地	中国
開花期	3～4月

なごり雪のような白さがまぶしい

ユキヤナギ［雪柳］

枝をヤナギのように枝《し》垂《だ》れさせながら、雪が降り積もったような白い小花をみっしりと咲かせます。散り落ちた花が、地面に散らした米のように見えることから、「コゴメバナ（小米花）」とも呼ばれます。開花期が同じサクラ（P.38）の下に植えられることも多く、白とピンクの競演を楽しむことができます。

花言葉	静かな思い　愛らしさ　気まま
別名	コゴメバナ（小米花）
花の色	○
分類	バラ科シモツケ属
原産地	中国
開花期	4月

花の色が蘇芳染めの色に似る

ハナズオウ［花蘇芳］

葉に先立って、小さな蝶のような形の赤紫色の花を、枝に群がるように咲かせます。果実は、平たいサヤの中に種子が並ぶマメの形。マメ科の別種である「スオウ」を染料にした「蘇芳染め」に、花の色が似ていることが、名前の由来とされます。

花言葉	疑惑　裏切り　高貴
別名	スオウバナ（蘇芳花）
花の色	●○
分類	マメ科ハナズオウ属
原産地	中国
開花期	4～5月

花《はな》杏《あんず》受胎告知の翅《は》音《おと》びび
——川端茅舎《ぼうしゃ》

注「受胎告知」とは、新約聖書において、天使が聖母マリアに懐妊を告げること。アンズの花に受粉する虫たちの羽音と、受胎告知のイメージが重なる。

あんずよ
花着け
地ぞ早《は》やに輝《かが》やけ
あんずよ花着け
あんずよ燃えよ
ああ　あんずよ花着け
——室生犀星《むろうさいせい》「抒情小曲集」

ウメと共に奈良時代に持ち込まれた

アンズ［杏］

ウメ（P.240）に似た薄いピンク、または白の花をつけ、ウメに次いで3〜4月に花開きます。奈良時代、ウメと共に中国から持ち込まれたため、「カラモモ（唐桃）」とも呼ばれます。初夏に実る果実はオレンジ色に熟し、食用になります。西洋種は「アプリコット」と呼ばれ、甘酸っぱいジャムやドライフルーツとしても愛されています。

花言葉	不屈の精神
別名	カラモモ（唐桃）、アプリコット
花の色	●○
分類	バラ科アンズ属
原産地	中国
開花期	3〜4月

種は杏仁豆腐の材料に

中華料理で人気の杏仁豆腐。アンズの種子の中の胚乳部分である「杏仁」を、粉末にして牛乳に加え、寒天で固めたデザートです。杏仁は咳止めの漢方薬としても使われています。

「花」といえばサクラのこと

万葉の時代から、サクラは多くの和歌に詠み込まれています。花の代表格としての地位を確立したのは平安時代。平安以降の和歌では、単に「花」とすれば「サクラ」を指すと考えられています。

世の中にたえてさくらのなかりせば
春の心はのどけからまし

——在原業平「古今和歌集」

「世の中に桜というものがもし全くなかったとしたら、
春の私の心持ちは
どんなにか穏やかなものであるだろうに。」

清水《きよみず》へ祇園《ぎおん》をよぎる桜《さくら》月《つき》夜《よ》
こよひ逢ふ人みなうつくしき

——与謝野晶子「みだれ髪」

日本の春を代表する花

サクラ［桜］

春先に、白やピンクの花を一斉に咲かせ、見る人の心を沸き立たせるサクラ。古くから詩歌に詠まれ、親しまれてきた「ヤマザクラ」をはじめ、江戸末期から全国に広がった「ソメイヨシノ」、八重咲きの「ヤエザクラ」など、園芸品種を含めると100種以上の品種があります。平安初期の嵯峨天皇はサクラを愛し、日本初の花見を行ったことでも知られます。江戸時代には、春の花見は庶民の行楽の一つとして定着しました。

一斉に花開くソメイヨシノ

現在最も一般的な品種「ソメイヨシノ」は、オオシマザクラとエドヒガンの雑種で、江戸末期に染井村（現東京都豊島区）の植木屋から売り出されました。接ぎ木によって増えるため、どの木も遺伝子が同じ。そのため、環境条件がそろえば一斉に開花します。

潔く散っていく風情も愛された

枯れる前に散り落ちるサクラの花。鎌倉・室町時代以降は、死に際の潔い武士になぞらえて、散り際の美しさが特に讃えられるようになりました。花の中心の色は本来白ですが、それが赤っぽく変わると散り時のサインです。

花言葉	精神の美　優美な女性
花の色	●○
分類	バラ科サクラ属
原産地	北半球の温帯
開花期	1～5月（品種により異なる）

いろいろなサクラ

ヤマザクラ

開花期　4月

葉と花が同時に開く。
ソメイヨシノが広まるまでは
サクラの代表種だった

うすべにに
葉はいちはやく
萌えいでて
咲かむとすなり
山桜花《やまざくらばな》

——若山牧水「山桜の歌」

ひさかたの
光のどけき
春の日に
しづ心なく
花の散るらむ

——紀友則《とものり》「古今和歌集」

「天空からの日の光が
のどかな春の日に、
落ち着いた心もなく
どうして花は
散っているのだろうか。」

ソメイヨシノ

開花期　3〜4月

葉が出るよりも先に花をつける。
日本各地に植えられるサクラの
代表種

さまざまの
事おもひ出す
桜かな

——松尾芭蕉

シダレザクラ

開花期　3～4月

枝が垂れ下がるサクラの総称。
花の色は薄いピンクが多い

オオシマザクラ

開花期　3～4月

花と緑色の葉が同時に出る。
やわらかく毛が少ない葉は、
塩漬けにして桜餅に使われる

願はくは花の下にて春死なむ
その如月《きさらぎ》の望月《もちづき》のころ
——西行「山家集」

「願うことには、
花の下で春に死にたいものだ、
花が盛りを迎えた
如月の満月の頃に。」

注「如月」は旧暦2月で、
「如月の望月」とは
新暦の3月中旬頃。

ヤエザクラ（サトザクラ）

開花期　4～5月

品種改良で生まれた
八重咲きのサクラの総称。
大輪で遅咲き

カンヒザクラ（ヒカンザクラ）

開花期　1～3月

早咲きのサクラ。葉が開く前に、
濃い紅色の花がうつむいて咲く

黄金色の花びらを散らす

ヤマブキ

［山吹］

晩春に咲く鮮やかな黄色の五弁花は、「山吹色」の色名の由来にもなりました。名前の由来は、細い枝が風に吹かれて揺れやすいことから。日陰を好み、山の川沿いなどに自生するほか、庭や公園にも植えられています。和歌の世界では、万葉の時代から「山吹と蛙」の取り合わせが定番。また、ヤマブキの花の黄色は、クチナシ（P.130）の実を染料として染めた衣の色にも似ています。そのため平安貴族は、人にヤマブキを贈ることで、「口では言わない（口無し）」思いを表現しました。

花言葉	気品　崇高　金運
別名	ヤマブリ（山振）
花の色	●
分類	バラ科ヤマブキ属
原産地	中国、日本
開花期	4～5月

ほろほろと山吹ちるか滝の音

——松尾芭蕉

「激しい音とともに滝の水が岩を流れ落ちていく。そして、川辺に咲き乱れるヤマブキの花が、ほろほろと散っている。」

かはづ鳴く神奈備《かんなび》川に影見えて
今か咲くらむ山吹の花

——厚見王《あつみのおおきみ》「万葉集」

「カジカガエルの鳴く飛鳥の神奈備川にその姿を映して、今頃ちょうど咲いているのだろうか、ヤマブキの花は。」

注「神奈備川」は、奈良県の明日香《あすか》川とされる。

『枕草子』では主従の架け橋に

人間関係に疲れ、長く宮仕えを休んでいた清少納言。主人である中宮・定子《ていし》から届いた文《ふみ》を開けると、ヤマブキの花が一つ、包まれていました。花びらには「いはで思ふぞ」とひと言。定子がヤマブキと「クチナシ(口無し)」を重ね、「何も言わない」代わりに胸に秘めた思い(彼女を思う気持ち)をヤマブキに託したことを、清少納言は察したといいます。主従の心はつながり、ほどなく清少納言は再出仕を果たしました。

仏像を安置する〝蓮華座〟に見立てた

ゲンゲ

［紫雲英］

春先の田んぼで、紅色のじゅうたんのように咲き広がる様子が、「レンゲ田」と呼ばれて愛されています。「ゲンゲ」が標準和名ですが、「レンゲソウ(蓮華草)」「レンゲ」という呼称の方が一般的。小さな蝶形の花が7～10個、輪になって咲く姿を、ハス(蓮)の花に見立てた名前です。花から採れるはちみつは、あっさりとした日本人好みの味わいで、「はちみつの王様」と呼ばれます。

花言葉	心が和らぐ　私の幸せ
別名	レンゲ(蓮華)、レンゲソウ(蓮華草)、ゲゲバナ(五形花)、ゲンゲン
花の色	●
分類	マメ科ゲンゲ属
原産地	中国
開花期	4～5月

稲作と深く結びつく花

ゲンゲの根には根粒菌という菌が共生していて、根粒というコブがあります。菌の働きで、ゲンゲの根には植物の栄養分である窒素が多く含まれるため、田植え前の田に草ごとすき込むことで、よい肥料になります。

赭《あか》土《つち》の
山の日かげ田に
げんげんの
花咲く見れば
春たけにけり

――島木赤彦「氷《ひ》魚《お》」

「赤褐色の土が広がる
山の日かげにある田んぼに、
ゲンゲの花が咲くのを見ると、
春も深まっているのだなあと感じる。」

ヨーロッパから来た牧草

シロツメクサ［白詰草］

ボールのような白い花は、小さな蝶形花《ちょうけいか》が集まったもの。江戸時代、海外からの輸送品を梱包する際の緩衝材として箱に詰められていたことが名前の由来です。四つ葉が幸運をもたらすといわれ、「クローバー」の名でも親しまれています。牧草としても優秀で、「ウマゴヤシ（苜蓿）」とも呼ばれます。

花言葉	私を思ってください　約束　復讐
別名	クローバー、ウマゴヤシ（苜蓿）
花の色	○
分類	マメ科シャジクソウ属
原産地	ヨーロッパ
開花期	5～10月

葉を揉むとキュウリの匂いがする

キュウリグサ［胡瓜草］

ごく小さな空色の花を咲かせる身近な野草。若い葉を揉むとキュウリのような匂いがするので、この名がつきました。花茎《かけい》の先が渦巻き状になり、次第にまっすぐ伸びながら花をつけていきます。同じムラサキ科の仲間にワスレナグサ（P.31）があり、サイズちがいでよく似た形の花を咲かせます。

花言葉	愛しい人へ　真実の愛
別名	タビラコ（田平子）
花の色	●
分類	ムラサキ科キュウリグサ属
原産地	日本
開花期	3～5月

ケシというけれどキクの仲間

ノゲシ［野罌粟］

暖かい地域であれば、草地や道端などで、ほぼ一年中咲いています。葉がケシの葉に似るため「ノゲシ」と呼ばれますが、キクの仲間です。姿がよく似るオニノゲシの葉には、さわると痛いとげがありますが、ノゲシの葉のとげはやわらかく、痛くありません。花の後には白い綿毛をつけて風に飛ばします。

花言葉	旅人　見間違ってはいや
別名	ハルノノゲシ（春野罌粟）、ケシアザミ（罌粟薊）
花の色	● ○
分類	キク科ノゲシ属
原産地	北アメリカ、ヨーロッパ、アジア
開花期	4～7月

大正時代に花壇から広まる

ハルジオン［春紫苑］

大正期に園芸植物として導入され、野生化して各地に繁殖しました。夏に咲くヒメジョオン（P.124）と似ていますが、ハルジオンのつぼみはうつむいてつき、茎を切ると中が空洞です。手入れのされない土地にも生い茂るためか、摘むと貧乏になるといわれ、「ビンボウグサ（貧乏草）」とも呼ばれます。

花言葉	追想の愛
別名	ハルジョオン（春女苑）、ビンボウグサ（貧乏草）
花の色	○ ●
分類	キク科ムカシヨモギ属
原産地	北アメリカ
開花期	4～6月

花びらのツヤツヤとした光沢が目印

キンポウゲ［金鳳花］

エナメルに似た光沢のある黄色い花びらが特徴。花びら内部のデンプンを含む細胞層が光を反射するためで、名前の通り、日光を浴びて黄金色に輝きます。葉の形を馬の蹄の跡に見立て、「ウマノアシガタ（馬の足形）」とも呼ばれます。金平糖のような丸い実をつけますが、草全体が有毒なので注意。

花言葉	栄光　子どもらしさ　中傷
別名	ウマノアシガタ（馬の足形）
花の色	
分類	キンポウゲ科キンポウゲ属
原産地	中国、朝鮮半島、日本、ロシア沿岸
開花期	４〜５月

ツヤツヤの細長い花びらが特徴

キツネノボタン［狐の牡丹］

キンポウゲと同じく、ツヤツヤの黄色い花びらが特徴。花びらは細長くとがっています。名前の由来は、有毒を意味する「キツネ」と、ボタン（P.80）に似た葉を持つことから。丸い実には、チクチクとしたとげがあります。近縁種のケキツネノボタンには、草全体に粗い毛が生えています。

花言葉	だましうち
花の色	
分類	キンポウゲ科キンポウゲ属
原産地	中国、朝鮮半島、日本
開花期	３〜７月

垣根を通り抜けて伸びる

カキドオシ

［垣通し］

花後《かご》、つる状に茎を伸ばし、垣根を通り抜けてどんどん伸びていくことから、この名がつきました。銭形の葉が連なる様子から、漢方名は「レンセンソウ（連銭草）」。利尿効果がある生薬になります。花の時期に刈り取って干すと、シソ科独特の香りを放つお茶になります。

花言葉	楽しみ　享楽
別名	レンセンソウ（連銭草）、グレコマ
花の色	●
分類	シソ科カキドオシ属
原産地	ヨーロッパ、アジア
開花期	4～5月

浮世絵に描かれた波のような花

タツナミソウ

［立浪草］

まっすぐ伸びた茎の先に、紫色の唇形の花をつけます。同じ方向に開く花を、浮世絵で描かれるような泡立つ波にたとえてついた名前。明るい野山に自生する多年草です。茎は表面に白い毛が密生し、切ると断面が四角形になっています。

花言葉	私の命を捧げます
花の色	●●○
分類	シソ科タツナミソウ属
原産地	東アジア
開花期	5～6月

地面を這うように茎を伸ばす

ムラサキサギゴケ

［紫鷺苔］

田の畔《あぜ》など、やや湿ったところを好む多年草。トキワハゼの花とよく似ますが、こちらの方が大きく色も鮮やか。這うように茎を伸ばし、地面すれすれに花をつけます。花の形が鳥のサギを思わせることと、地面にはりつくように群生する様子をコケにたとえて名前がつきました。

花言葉	忍耐　追憶の日々
花の色	● ○
分類	ハエドクソウ科サギゴケ属
原産地	中国、朝鮮半島、日本
開花期	4～5月

ほぼ一年中花を咲かせる

トキワハゼ

［常磐爆］

道端や庭に生える一年草。茎の先に小さな紫色の花をつけます。花びらの上2枚は小さく、広がった下3枚の中央には、黄褐色の斑点があります。花はムラサキサギゴケに似ますが、花《か》茎《けい》が直立することが特徴。春から秋まで長く咲き続けることから、「常磐」の名がつきました。

花言葉	いつもと変わらない心
別名	ナツハゼ（夏爆）
花の色	●
分類	ハエドクソウ科サギゴケ属
原産地	インド、中国、日本
開花期	4～11月

日本のスミレの代表種

スミレ［菫］

名前に何もつかない「スミレ」が、日本のスミレの代表種。「ホンスミレ（本菫）」と呼ばれることもあります。横から見た花の形が大工道具の「墨入れ」に似ていることから、この名がつけられました。花の茎を絡めて引き合い、強さを競う遊びにちなみ、「スモウトリバナ（相撲取花）」とも呼ばれます。慎ましく凜とした姿から、ヨーロッパでは聖母マリアに捧げる花とされ、花言葉は「誠実」。

アリが種を運んでくれる

スミレの種には、アリが好むゼリー状の塊（エライオソーム）がついており、アリは好んで種を運びます。巣に持ち帰ると、アリは種の部分を捨ててしまい、種は運ばれた場所で芽吹きます。

春の野に
すみれ摘みにと
来《こ》しわれそ
野をなつかしみ
一《ひと》夜《よ》寝にける
——山部赤人《やまべのあかひと》「万葉集」

「春の野に
スミレを摘もうと来た私だが、
この野に心ひかれたので、
一夜泊まってしまったことだよ。」

菫程《ほど》な小さき人に生《うま》れたし
——夏目漱石

花言葉	誠実　愛
別名	ホンスミレ（本菫）、スモウトリバナ（相撲取花）
花の色	●
分類	スミレ科スミレ属
原産地	日本
開花期	4〜6月

「葵祭」のシンボル

フタバアオイ

［双葉葵］

山中の木陰に生える多年草。春、茎を伸ばし、2枚のハート形の葉をつけます。葉の間には赤紫の花が一つ、うつむいて咲きます。平安〜江戸時代頃までは、「葵」といえばフタバアオイを指しました。和歌では「逢う日（あふひ）」にかけて詠まれています。

「葵紋」として図案化される

京都の上賀茂《かみがも》神社・下鴨《しもがも》神社の紋「双葉葵」は、フタバアオイの葉が図案化されたもの。両神社の例祭である「葵《あおい》祭《まつり》」は、祭の行列の装束に、フタバアオイの葉をつけることでも知られます。

わすれめや葵を草にひきむすび
仮寝《かりね》の野辺《のべ》の露のあけぼの

——式子《しょくし》内親王「新古今和歌集」

「忘れることがあるだろうか。葵を草に結んだ枕で旅の仮寝をした野辺の、露に濡れた朝がたの風情を。」

注 古来、旅で野宿をすることを「草結ぶ（草を結んで枕にする）」といった。

花言葉	細やかな愛情
別名	カモアオイ（賀茂葵）、ヒカゲグサ（日陰草）
花の色	●
分類	ウマノスズクサ科カンアオイ属
原産地	中国、日本
開花期	3〜5月

幾重にも重なって生い茂る

ヤエムグラ［八重葎］

空き地や草地、藪などに、幾重にも重なって生える一年草。「ムグラ」とは、広い範囲にわたって生い茂る雑草のこと。茎や葉、実にはチクチクしたとげがあり、ほかの植物に絡まりながら60㎝ほどの背丈に伸びます。子どもが洋服の胸に飾り、勲章にして遊んだことから、別名は「クンショウグサ（勲章草）」。実は、人の衣服や動物の体にくっついて運ばれます。黄緑色の花は小さく控えめ。

荒れ地のわびしさを演出する

『万葉集』をはじめとする歌集にも「やえむぐら」が登場しますが、これは別種の「カナムグラ」とする見方もあります。いずれにしても、荒れ果てた様子を示すイメージは共通しています。

八重葎《やえむぐら》しげれる宿のさびしきに
人こそ見えね秋は来にけり

――恵慶《えぎょう》「拾遺和歌集」

「葎（雑草）が
幾重にも重なってはびこる、
荒れてさびれた家。
訪れる人はだれもいないが、
それでも秋は
やって来るのだなあ。」

花言葉	抵抗　拮抗
別名	クンショウグサ（勲章草）
花の色	○
分類	アカネ科ヤエムグラ属
原産地	日本を含むアジア、ヨーロッパ、アフリカ
開花期	４～６月

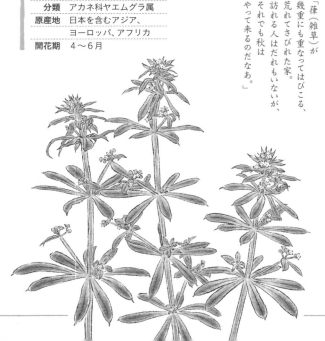

軒端に忍ぶように育つ草

ノキシノブ［軒忍］

木や岩、屋根の軒先などに着生《ちゃくせい》し、冬でも青々としているシダ植物。樹木の表面に場所を借りているだけで、大気中から水分・養分を得ています。葉の裏には、丸く盛り上がった胞子嚢《のう》がつき、熟すと黄色くなります。2列に並んだ胞子嚢が目のように見えることから、「ヤツメラン（八目蘭）」の別名も。

ももしきや古き軒端《のきば》のしのぶにも
なほあまりある昔なりけり

——順徳院《じゅんとくいん》「続後撰和歌集」

「宮中の古びた建物の軒端（屋根の端）に下がる忍草（ノキシノブ）を見るにつけ、偲んでも（懐かしく思っても）偲びつくせないほど思い起こされるのは、古きよき時代のことだよ。」

注 順徳院は、後鳥羽上皇の第3皇子。1221年の「承久の乱」で鎌倉幕府に敗れ、佐渡に流された。

軒先に忍ぶ姿が趣深い

昔の人は、人目を引く花もつけず、軒先に忍ぶように生える姿に趣を感じ、ノキシノブという名をつけました。「耐え忍ぶ」「（昔を）偲ぶ」などの意味とかけて、和歌に詠まれています。

別名	ヤツメラン（八目蘭）、 シダクサ（しだ草）、 シノブグサ（忍草）
分類	ウラボシ科ノキシノブ属
原産地	日本
開花期	花は咲かない

白髪のような白い綿毛をつける

オキナグサ［翁草］

山地の日なたに生える多年草。茎や葉、花の外側など、全体に白い毛が密生しています。えび茶色の花びらのように見えるのは、大きく広がったがく片。花後にできる種には、翁の白髪のような白く長い毛が生え、風にそよぎます。美しい花が老人のような姿に変わってしまうことから、花言葉は「裏切りの恋」。


「おまえはうずのしゅげはすきかい、　きらいかい」

蟻は活発に答えます。

「大すきです。誰だってあの人をきらいなものはありません」

「けれどもあの花はまっ黒だよ」

「いいえ、　黒く見えるときもそれはあります。

けれどもまるで燃えあがってまっ赤《か》な時もあります」


——宮沢賢治「おきなぐさ」

注「うずのしゅげ」は、オキナグサのこと。

花言葉	裏切りの恋　何も求めない
別名	ハクトウオウ（白頭翁）
花の色	●○●●
分類	キンポウゲ科オキナグサ属
原産地	中国、朝鮮半島、日本
開花期	4～5月

母の慈愛を思わせる姿

ハハコグサ
［母子草］

道端や草地に生え、黄色い小花をつけます。全体を白色の綿毛が覆い、茎や葉は緑白色に見えます。新芽をやわらかい綿毛で包み込む姿が、母の愛を思わせることから名前がつきました。別名は「ゴギョウ（御形）」。春の七草の一つで、若菜は七草粥に入れられます。以前は草餅にも使われていましたが、「母子を搗《つ》く」と縁起が悪いとされて、ヨモギ（P.28）が代用されるようになりました。

3月3日の風習「母子餅《ははこもち》」

昔、3月3日の上巳《じょうし》の節句には、若菜を練り込んだ「母子餅（草餅）」を食べる風習がありました。上巳の節句は身の穢《けが》れを清める節句。母子草の香りや薬効が邪気を祓《はら》うと考えられました。

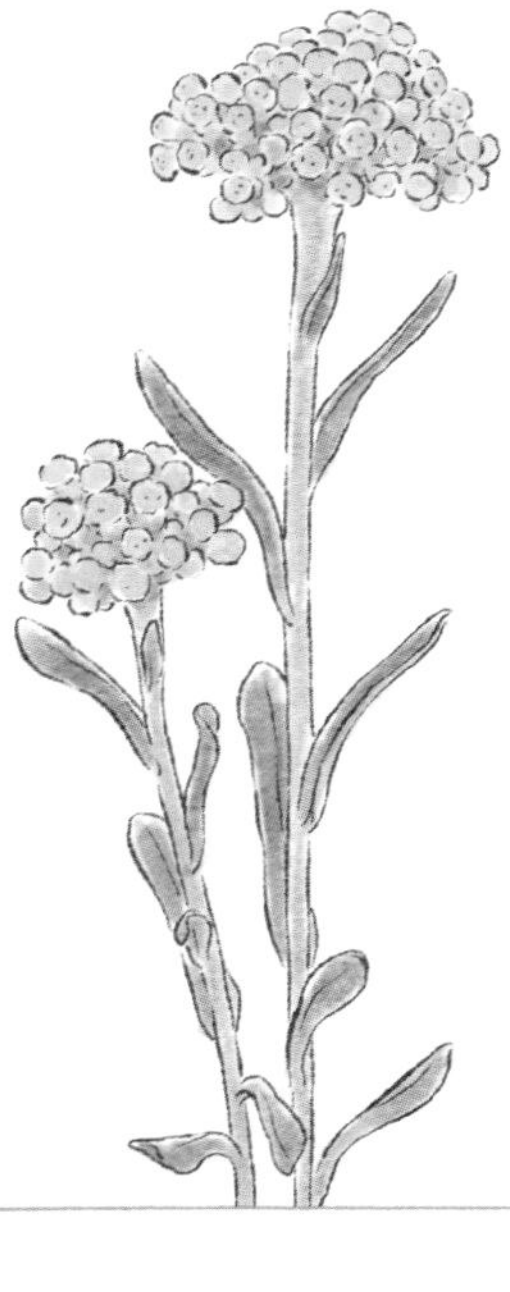

われら知らぬ母の青春母子草
——寺井谷子

花言葉	無償の愛　忘れない
別名	ゴギョウ、オギョウ（御形）
花の色	●
分類	キク科ハハコグサ属
原産地	中国、日本、北アメリカ
開花期	3〜6月

花の姿を武将の母衣《ほろ》に見立てた

クマガイソウ［熊谷草］

白っぽい袋状の独特な花姿を、源平合戦で平敦盛《たいらのあつもり》を討ち取った源氏方の武将・熊谷直《くまがいなお》実《ざね》の母衣（背後からの流れ矢を防ぐために背負った武具）に見立てて、この名がつきました。着飾った貴婦人の姿も連想させることから、花言葉は「気まぐれな貴婦人」。

花言葉	気まぐれな貴婦人
別名	ホロカケソウ（母衣掛け草）
花の色	●
分類	ラン科アツモリソウ属
原産地	日本
開花期	4～5月

クマガイソウと対をなす花

アツモリソウ［敦盛草］

赤紫の袋状の花姿を、平家方の武将・平敦盛の母衣に見立てた名前です。白っぽいクマガイソウは源氏、アツモリソウは平家を連想させます。戦場で、わが子と同じような年齢の敦盛を討たざるを得なかった熊谷直実は、戦の後、世を儚んで出家したといいます。

花言葉	気まぐれ　君を忘れない
花の色	●●
分類	ラン科アツモリソウ属
原産地	日本、中国
開花期	4～6月

静《しずか》御前《ごぜん》になぞらえた白い花

ヒトリシズカ

［一人静］

森林の湿地に見られる多年草。４枚の葉の間から、ブラシ状の白い花が１本立ちます。花弁はなく、花に見えるものは雄しべです。凛とした花の姿を源義経の恋人だった白拍子・静御前にたとえて、この名前がつきました。ただし、実際のヒトリシズカは地下茎で増え、群生が基本。ひとりで佇むことはありません。

きみが名か
一人静と
いひにけり
——室生犀星《むろうさいせい》

花言葉	隠された美しさ　静謐
別名	ヨシノシズカ（吉野静）、マユハキグサ（眉掃草）
花の色	○
分類	センリョウ科センリョウ属
原産地	中国、朝鮮半島、日本
開花期	４〜５月

花の色や形がサクラに似る

サクラソウ［桜草］

サクラに似たハート形の花弁を持つ花を咲かせます。川辺や林に自生する在来種はピンク一色ですが、江戸時代に栽培が大流行し、紫や白など300種以上の園芸品種がつくられました。よく似る「プリムラ」は、ヨーロッパ原産の別種です。

我国は草も桜を咲きにけり
——小林一茶

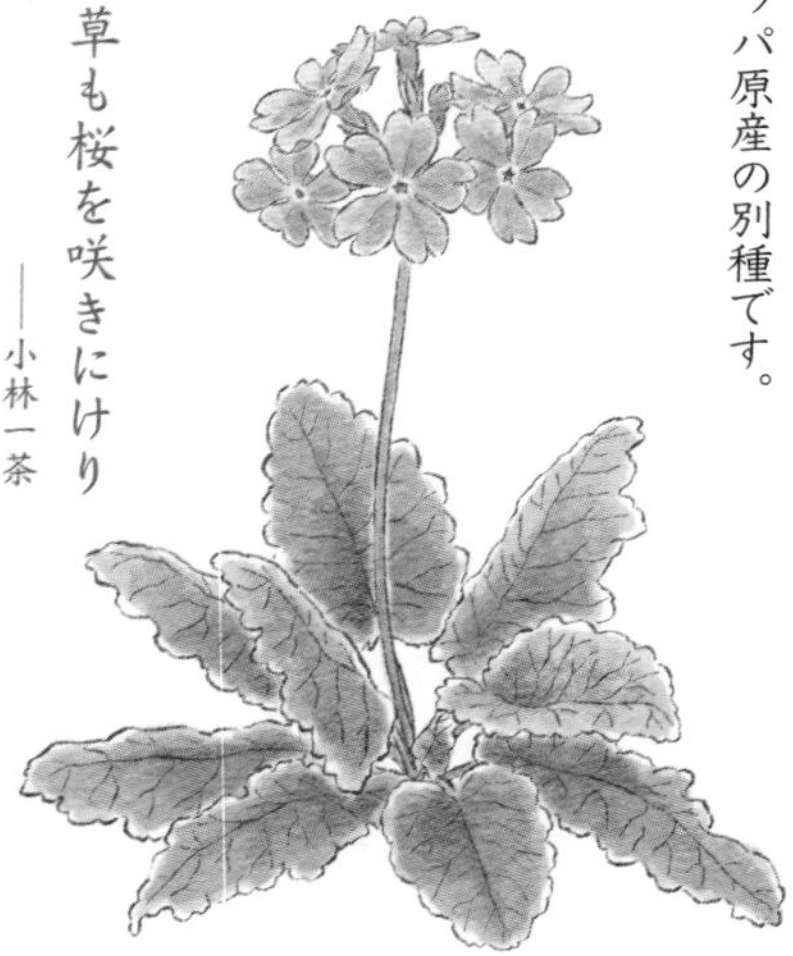

花言葉	初恋　憧れ
別名	ニホンサクラソウ（日本桜草）
花の色	●●○
分類	サクラソウ科サクラソウ属
原産地	日本、朝鮮半島、中国
開花期	4～5月

茎の周りに段をなして花開く

クリンソウ［九輪草］

長い茎の先に、鮮やかな赤紫のラッパ形の花が、段になって輪のようにつきます。下から上へ段々と咲いていく花の様子が、お寺の五重塔などの先につく九輪に似ることから、名前がつけられました。日本のサクラソウの仲間では最も大型です。

花言葉	青春の希望　幸福を重ねる
別名	シチジュウソウ（七重草）、ホウトウゲ（宝塔華）
花の色	●◐○
分類	サクラソウ科サクラソウ属
原産地	日本
開花期	5～6月

芝生のように咲き広がる

シバザクラ［芝桜］

サクラに似た小さな花を咲かせる、アメリカ原産のフロックスの仲間です。日当たりと水はけのよい土地を好み、石垣の上や土手などに植えられます。茎が這うように伸びて地面を覆うため、満開時には美しい花のカーペットが出現します。常緑で、花後《かご》は葉が伸びて芝生のようになりますが、シバほど踏まれ強くはありません。公園などに大規模に植えられ、各地で観光名所になっています。

花言葉	燃える恋　忍耐
別名	ハナツメグサ（花詰草）、モスフロックス
花の色	●●●●○
分類	ハナシノブ科 フロックス属
原産地	北アメリカ
開花期	３〜４月

花が「華鬘《けまん》」のように垂れ下がる

ケマンソウ［華鬘草］

名前の由来は、花が寺院の装飾品として使われる「華鬘」に似ていることから。長く伸ばした花茎《かけい》を釣り竿に、吊り下げた袋状の花を鯛に見立てて、「タイツリソウ(鯛釣草)」という別名もあります。英名は「Bleeding heart」。ハートが血を流すイメージから、花言葉は「恋心」。

花言葉	恋心　失恋
別名	タイツリソウ(鯛釣草)、 ケマンボタン(華鬘牡丹)
花の色	◐ ○
分類	エンゴサク科コマクサ属
原産地	中国、朝鮮半島
開花期	5～6月

気品ある姿が心の慰めに

ミヤコワスレ［都忘れ］

野山に自生する「ミヤマヨメナ」の園芸品種。ほかの野ギク類とちがい、春に開花します。鎌倉時代、承久の乱で佐渡《さど》に流された順徳院が、花の姿に心を慰められて、都をひととき忘れられたという逸話が残ります。ただし現在普及する花は、江戸時代に品種改良が進んだものです。

花言葉	別れ　しばしの憩い
別名	ノシュンギク(野春菊)、 ミヤマヨメナ(深山嫁菜)
花の色	◐ ● ○
分類	キク科シオン属
原産地	日本
開花期	5～6月

太陽に向いて咲く金のさかずき

キンセンカ［金盞花］

鮮やかな花色が魅力。金のさかずき（盞）のような花姿が、名前の由来です。ヨーロッパでは古来、ハーブとしても愛されてきました。花言葉は、ギリシャ神話で太陽神アポロンに恋し、空を見つめ続けて、やがてキンセンカに姿を変えたという少年の話にちなみます。

花言葉	別れの悲しみ　失望
別名	カレンデュラ、チョウシュンカ（長春花）
花の色	● ● ●
分類	キク科キンセンカ属
原産地	南ヨーロッパ
開花期	３～６月

踏《ふ》みて直《す》ぐ
デージーの花
起き上がる
――高浜虚子

春の花壇に欠かせない花

デージー

かわいらしい姿から、和名は「ヒナギク（雛菊）」。花期が長いので、「エンメイギク（延命菊）」などの名前もあります。ヨーロッパ産の原種は一重咲き。「好き、嫌い…」と交互に花びらを抜いていく、花占いにも使われた花です。自生地では多年草ですが、日本では夏に枯れる一年草です。

花言葉	無邪気　平和　希望
別名	ヒナギク（雛菊）、エンメイギク（延命菊）、チョウメイギク（長命菊）
花の色	○ ● ● ● 複色
分類	キク科ヒナギク属
原産地	ヨーロッパ
開花期	12～翌５月

蜂の羽音が
チューリップの花に消える
微風の中にひつそりと
客を迎へた赤い部屋
——三好達治「チューリップ」

チューリップ喜びだけを持つてゐる
——細見綾子

花も葉もシンプルで美しい

チューリップ

17世紀のヨーロッパで熱狂的な栽培ブームが起こり、オランダを中心に品種改良が進められました。現在は5千種を超える品種が存在し、花の形や色もとりどり。和名の「鬱金《うこん》香《こう》」は、花からウコンのような香りを感じるためといわれます。3人の騎士から求婚されて困り果てた少女が、チューリップに身を変えたという伝説から、花言葉は「思いやり」。

花言葉	思いやり　愛の告白
別名	ウコンコウ（鬱金香）
花の色	○ ● ● ● ● 複色
分類	ユリ科チューリップ属
原産地	地中海沿岸～中央アジア
開花期	3～5月

母の日に贈る花として親しまれる

カーネーション

江戸時代にオランダを通して輸入されました。八重咲きが基本で、花色や大きさは多様。枝分かれした茎の先に複数の花がつく、スプレー系の品種もあります。母の日に花を贈る風習は、1907年、アメリカの女性が母の命日にカーネーションを教会で配ったことに由来します。

花言葉	純粋な愛　感動
別名	オランダセキチク（阿蘭陀石竹）
花の色	●●○● 複色
分類	ナデシコ科ナデシコ属
原産地	地中海沿岸
開花期	４～６月（人工栽培では一年中）

まっ白な花が霞のように群れ咲く

カスミソウ［霞草］

花茎が細かく分岐し、それぞれの茎の先にごく小さな白い花をつけます。霞がかかったような花姿が特徴。英名は「Baby's breath（赤ちゃんの吐息）」。アレンジメントに甘いイメージを添えます。どんな花とも相性がよく、主役の花を引き立てる名脇役として活躍します。

花言葉	清らかな心
別名	ムレナデシコ（群撫子）
花の色	○●●
分類	ナデシコ科カスミソウ属
原産地	コーカサス地方
開花期	４～７月

魔除けとして窓辺に置かれる

ゼラニウム

伸ばした茎の先に、小さな花がこんもりと集まるように咲きます。日当たりや温度が適した環境なら、ほぼ一年中開花します。葉には虫が嫌う独特の匂いがあります。ヨーロッパでは虫除け、転じて魔除けとして、窓辺によく飾られています。

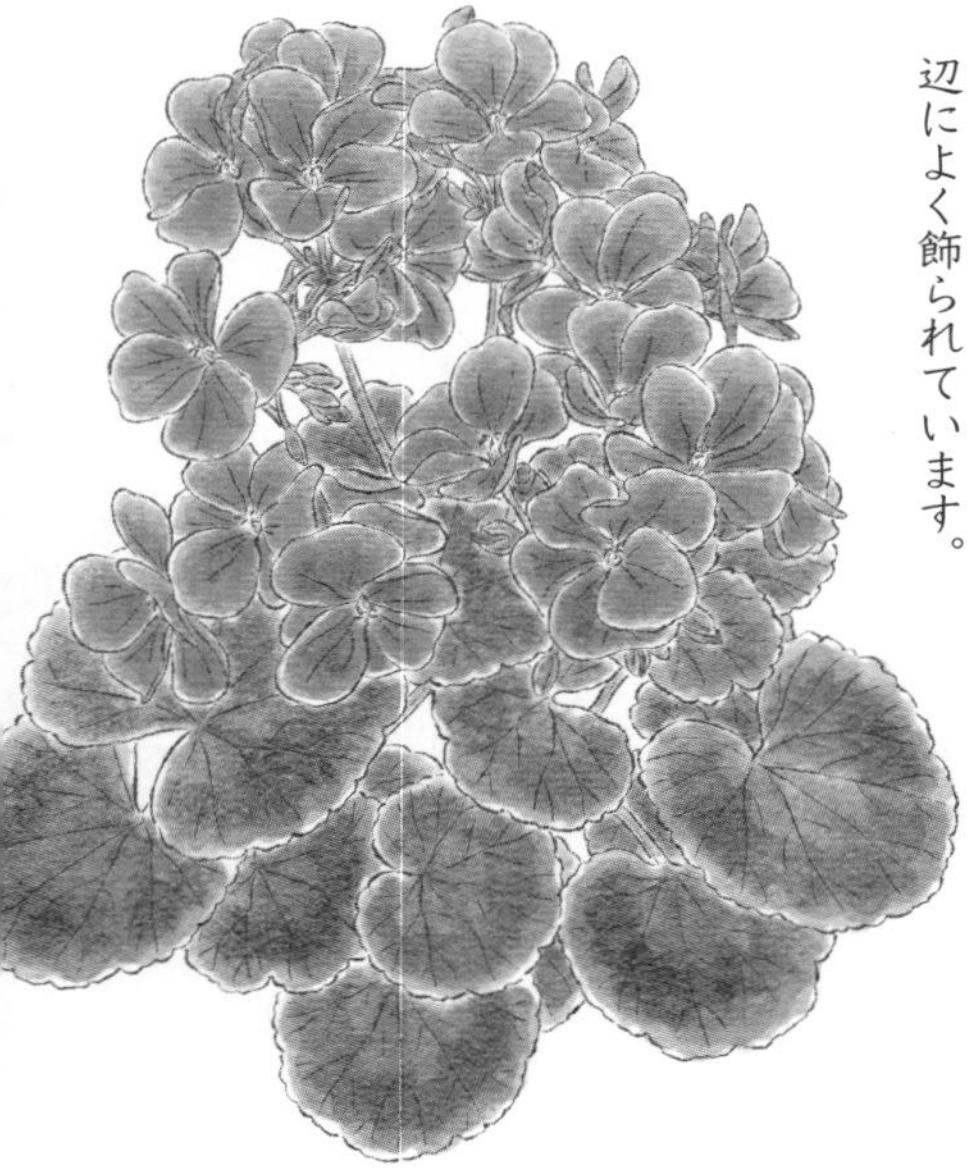

花言葉	尊敬　信頼　真の友情
別名	ゼラニューム、テンジクアオイ（天竺葵）
花の色	●●○
分類	フウロソウ科テンジクアオイ属
原産地	南アフリカ
開花期	3〜12月

ギリシャ語で「風の花」という名前

アネモネ

ギリシャ語で風を意味する「アネモス」から転じた名前。春風の中に、ケシに似た鮮やかな色合いの花を咲かせます。花びらに見えるものはがくで、中央の黒い雄しべとのコントラストが印象的。光に敏感で、切り花も朝に開き夕方に閉じます。

アネモネの
紫淋《さび》し
紅《べに》を買ふ
――高浜年尾《としお》

花言葉	期待　はかない恋
別名	ボタンイチゲ（牡丹一華）
花の色	●●●○
分類	キンポウゲ科イチリンソウ属
原産地	地中海沿岸、南ヨーロッパ
開花期	4〜5月

ガーベラ

花茎《かけい》が長くすっきりとした姿が印象的

一本の長い花茎の先に、大きな花をひとつ咲かせるシンプルな姿。カラフルな花色が明るい印象を与えるため、バラ（P.114）やカーネーション（P.63）と並び、花屋で人気の花です。葉は地表面につきますが、切り花で目にすることはあまりありません。名前は、発見者であるドイツの自然科学者・ゲルバーにちなんでつけられました。

小花が集まって形成された花

花びらに見えるものは、一枚一枚が舌《ぜつ》状花《じょうか》（舌のような形の花）の集まり。花の中心部も、小さな花の集まりです。小花が集まって、ひとつの花（頭花《とうか》）を形成しています。キクやヒマワリなども、同じ構造です。

花言葉	希望　前向き　美しさ
別名	オオセンボンヤリ（大千本槍）、ハナグルマ（花車）
花の色	● ● ● ● ○
分類	キク科ガーベラ属
原産地	南アフリカ
開花期	4～6月、10～11月

太い茎に鮮やかな大輪の花が咲く

アマリリス

花の名前は、古代ローマの詩人・ウェルギリウスの牧歌に登場する、美しい羊飼いの少女の名前にちなみます。すっと立ち上がった茎の頂上に、ラッパ形の大きな花を横向きに咲かせる姿は、花言葉の通り、おしゃべり好きな少女を思い起こさせます。八重咲きの品種や、20cmを超える大輪の花を咲かせるものも。茎の中が空洞になっていて折れやすいので、切り花にするときには注意しましょう。

あまりりす息もふかげに燃ゆるとき
ふと唇《くちびる》はさしあてしかな

——北原白秋「桐の花」

「アマリリスが吐息を深くして赤く燃えているとき、その瞬間、唇を押しあてていた。」

花言葉	誇り　輝くばかりの美しさ
	おしゃべり　虚栄心
別名	ナイトスターリリー
花の色	●●○● 複色
分類	ヒガンバナ科
	ヒッペアストルム属
原産地	中南米
開花期	4～7月

甘い香りが世界中で愛される

スイートピー

透明感のある薄い花びらを持つ花が、フリルのように多数つき、独特な美しさを演出します。名前は「sweet pea（甘い豆）」、つまり甘い香りを持つマメ科の植物という意味。ただしマメの形をした果実には毒があり、食べられません。つる性で、周囲に巻きついて育ちます。春咲きと夏咲き、冬咲きがありますが、最も出回るのは春咲きです。

すうぃとぴいの
花のちひさきふくらみや
束ねて重き量感《りょうかん》となる

——岡本かの子「歌日記」

「小さく丸くふくらんだスイートピーの花。一つひとつは小さくても、束ねるとずっしりと重たい感じになる。」

エドワード朝を象徴する花

イギリスのエドワード7世（1841－1910）の王妃・アレクサンドラは、イタリアから持ち込まれたこの花を愛し、式典や晩餐会で必ず飾ったといいます。甘い香りが人気を呼び、すぐに世界的に知られるようになりました。

花言葉	門出　やさしい思い出
別名	ジャコウレンリソウ（麝香連理草）、カオリエンドウ（香豌豆）
花の色	○●●●●
分類	マメ科レンリソウ属
原産地	イタリア
開花期	3～4月（春咲き）

美人の代名詞にもなる美しさ

ハナカイドウ

［花海棠］

花柄《かへい》が長く、垂れ下がるように花をつけます。その優美な様子から、美人の代名詞として使われます。花言葉は、絶世の美女・楊貴妃《ようきひ》がお酒に酔ってうたた寝し、ほんのりと頬を赤く染めている様子を、この花になぞらえたという故事に由来します。

花言葉	美人の眠り　艶麗
別名	カイドウ（海棠）、スイシカイドウ（垂糸海棠）
花の色	●
分類	バラ科リンゴ属
原産地	中国
開花期	4～5月

海棠の
花しづくする
甘雨《かんう》かな
——村上鬼城《きじょう》

日米友好の証として愛される

ハナミズキ

［花水木］

十字形の大きな4枚の苞葉《ほうよう》が、花びらのようで美しい花。日本がソメイヨシノ（P.40）の苗木を寄贈したお返しにアメリカから贈られたことをきっかけに、大正期に街路樹などとして広がりました。日本原生のヤマボウシ（P.109）にも似た姿です。

花言葉	永続　私の愛を受けとめて
別名	アメリカヤマボウシ
花の色	○●
分類	ミズキ科サンシュユ属
原産地	北アメリカ
開花期	4～5月

山深くに大輪の花を咲かせる

シャクナゲ

［石楠花・石南花］

山林や渓谷に生えるツツジの仲間。漏斗《ろうと》状の花がくす玉のように集まって咲く華麗な姿から、「花木の女王」という異名を持ちます。中国からヨーロッパに分布し、世界中で愛されている花です。気品あふれる風情から、花言葉は「威厳」「荘厳」。本来は高山に自生しますが、現在では暑さに強く栽培が容易な園芸品種も多くあります。奈良県の室生寺《むろうじ》は、シャクナゲの名所として知られます。

石楠《しゃくなげ》は木曾奥谷ににほへども
そのくれなゐを人見つらむか

——斎藤茂吉「ともしび」

「シャクナゲが木曾の奥深い谷に美しく咲いている。その見事な紅色をこれまでも人々は見たのだろうか。」

「高嶺の花」の語源になった

簡単には手に入らないもののことを表す「高嶺の花」。シャクナゲは、人里離れた高い山の中などに自生し、美しく咲き誇ることから、「高嶺の花」の語源になったといわれます。

花言葉	威厳　荘厳
別名	ロードデンドロン
花の色	○ ● ● ●
分類	ツツジ科ツツジ属
原産地	中国、北アメリカ、ヨーロッパ
開花期	４～５月

日本人に古くから親しまれる花

ツツジ

［躑躅］

春から夏にかけて、日本の山野を彩ります。小ぶりな朱色の花を咲かせるヤマツツジをはじめ、多くの自生種があります。古くから栽培も盛んで、大ぶりで濃いピンク色の花を咲かせるオオムラサキなど、町中で目にする花の多くは園芸品種。同じツツジでも、春咲くものは「ツツジ」、5月下旬以降に咲くものは「サツキ」（P.101）と呼び分けています。

花言葉	節度　慎み
花の色	● ● ○
分類	ツツジ科ツツジ属
原産地	中国、日本
開花期	４〜５月

春《しゅん》愁《しゅう》のかぎりを躑躅燃えにけり

——水原秋櫻子《しゅうおうし》

注「春愁」とは、春の日になんとなく心がふさいで物憂くなること。その気持ち。

岩つつじ折りもてぞ見る
背《せ》子《こ》が着し紅《くれない》染めの色に似たれば

——和泉式部「後拾遺和歌集」

「岩のほとりに咲いているつつじを手折ってじっと見る。あの人が着ていた紅染めの衣の色に似ているから。」

木の上に咲く円錐形の紫の花

キリ［桐］

枝よりもひときわ高く、円錐形に薄紫の筒状の花をつける姿が印象的。キリは高さ10m以上になる落葉高木。軽くて湿気を通さない性質から、良質な家具材になります。かつては女の子が生まれるとキリを植え、結婚の際にタンスを作って嫁入り道具にしました。大きなハート形の葉も存在感たっぷり。「桐一《きりひと》葉《は》」は、秋の季語です。

桐の木の花、紫に咲きたるは、なほをかしきに、
葉の広ごりざまぞ、うたてこちたけれど、
異木どもと等しう言ふべきにもあらず。

——清少納言「枕草子」

「キリの花が紫色に咲いているのは、やはり趣がある。
葉が広がる様子は見苦しくて大げさな感じだけれど、
他の木などと同列に扱うことはできない。」

花言葉	高尚
花の色	●
分類	キリ科キリ属
原産地	中国
開花期	5〜6月

しなやかな花穂《かすい》が優しく揺れる

フジ［藤］

長い花穂が風に揺れる様子はなんとも優美。平安時代には「藤見《ふじみ》の宴」が催され、藤原家の家紋にも使われるなど、古くから日本人に愛されてきました。園芸品種も、花穂が長いもの、白やピンクの花色のものなど多数。他のものに巻きついて伸びていくため、棚仕立てで栽培されます。「ノダフジ(野田藤)」という別名は、摂津《せっつ》国野田(現在の大阪市福島区)が、フジの名所だったことに由来します。

わがやどの池の藤《ふじ》波《なみ》咲きにけり
山ほととぎすいつか来《き》鳴かむ

——よみ人知らず「古今和歌集」

「私の家の池ではフジの花が盛りを迎え、花房が垂れて波のように揺れている。山のほととぎすは、いつやって来て鳴くだろうか。」

藤の花は、しなひ長く、色濃く咲きたる、いとめでたし。

「フジの花は、花房がしなやかに長くて、色濃く咲いているのが特にすばらしい。」

——清少納言「枕草子」

『古事記』や『万葉集』にも登場

『古事記』には、山の神がフジの花の衣をまとって意中の乙女を訪れ、恋を成就させたという逸話が残ります。『万葉集』で、フジを扱った歌は26首。花房が風に揺れる様子をとらえた「藤波」という表現も多く見られます。

近縁種・ヤマフジとの見分け方

一般的に「フジ」と呼ばれるのは「ノダフジ」で、つるは右巻き（上から見て時計回り）です。一方、近縁種の「ヤマフジ」のつるは左巻き。主に西日本の山地に自生しています。

花言葉	やさしさ　歓迎　恋に酔う
別名	ノダフジ（野田藤）、シトウ（紫藤）
花の色	
分類	マメ科フジ属
原産地	日本
開花期	４～5月

鋭いとげを持つ枝に咲く白い花

カラタチ［枸橘］

葉に先立って、とげのある枝に小ぶりな白い五弁花を咲かせます。日本には古くから「ハナタチバナ」(P.107)が自生しており、カラタチの名は、中国から来たタチバナという意味の「唐橘《からたちばな》」の略称とされます。秋にミカンのような黄色く丸い実がなりますが、苦みが強く食用にはできません。鋭いとげを利用して、生け垣に仕立てることもあります。

アゲハチョウがやって来る木

アゲハチョウは、ミカン科の植物の葉に卵を産みます。幼虫はその葉を食べて育ち、蝶へと生長します。蝶を招くため、カラタチなど柑橘類の樹木を庭に植える人もいます。

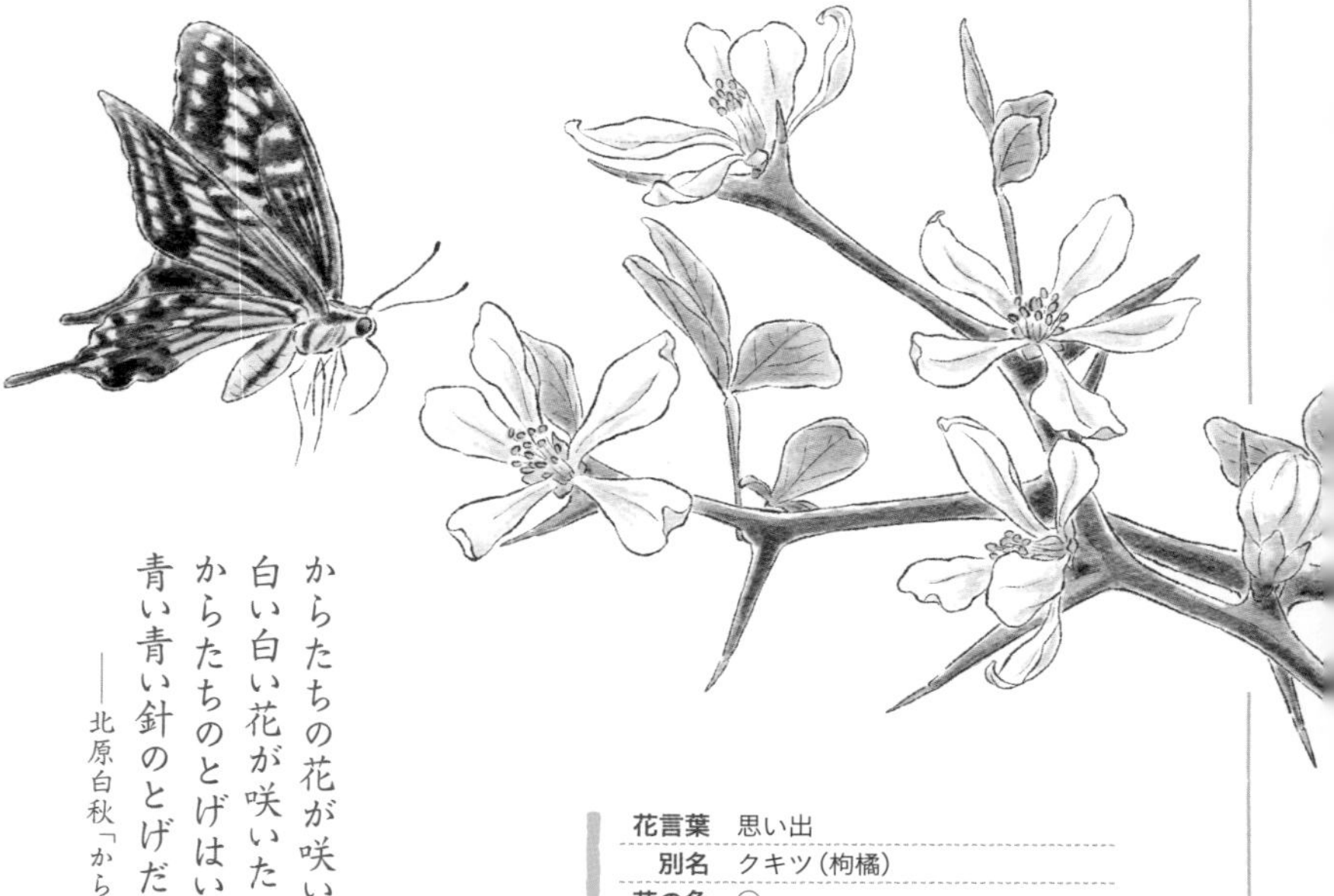

からたちの花が咲いたよ。
白い白い花が咲いたよ。
からたちのとげはいたいよ。
青い青い針のとげだよ。

——北原白秋「からたちの花」

花言葉	思い出
別名	クキツ（枸橘）
花の色	○
分類	ミカン科ミカン属
原産地	中国
開花期	4～5月

にはとこの新芽を嗅《か》げば青くさし
実《じつ》にしみじみにはとこ臭《くさ》し
——木下利玄《りげん》「紅玉《こうぎょく》」

枝も花も薬用に重宝される

ニワトコ

［接骨木］

春先に新芽を出し、若い枝の先にクリーム色の小花を密集して咲かせます。葉は羽のように花の左右に広がります。乾燥させた茎は、骨折・打ち身などに効く生薬「セッコツボク（接骨木）」として利用されてきました。同じく花や葉も、薬用に使われます。近縁種のセイヨウニワトコも、薬用ハーブの「エルダーフラワー」として知られます。

花言葉	熱心　哀れみ　思いやり　愛らしさ
別名	セッコツボク（接骨木）、タズノキ（たずの木）
花の色	◯
分類	スイカズラ科ニワトコ属
原産地	中国、日本
開花期	３～５月

北国の街路樹として愛される

ライラック

ヨーロッパで古くから愛されてきた樹木。日本には明治時代に渡来しました。寒さに強いため北国に多く、北海道札幌市の市木にもなっています。枝先に穂のように小花を密集して咲かせ、甘い香りは香水としても人気です。ライラックは英語名で、フランス語名は「リラ」。フランスでは気候のよい時期を表して、「リラの咲く頃」といいます。

家ごとにリラの花咲き
札幌の人は楽しく生きてあるらし

——吉井勇《いさむ》

「それぞれの家に、
リラ（ライラック）の花が咲いていて、
札幌の人は楽しく生きているようだ。」

花言葉	友情　青春の思い出
別名	ムラサキハシドイ（紫丁香花）、ハナハシドイ（花丁香花）、リラ
花の色	●●○●●
分類	モクセイ科ハシドイ属
原産地	東南ヨーロッパ
開花期	４～５月

春は花、秋は紅葉が楽しめる

ドウダンツツジ ［灯台躑躅・満天星］

春、若葉と共に花柄《かへい》を伸ばし、その先に白い小さなつぼ形の花を吊り下げるように咲かせます。漢字表記は、鈴なりになって咲く様子を、満天の星に見立てたものです。秋に深紅に紅葉する葉も見どころ。山地に自生するほか、庭や公園でもよく見かけます。

花言葉	節制　上品
花の色	○
分類	ツツジ科ドウダンツツジ属
原産地	日本
開花期	4～5月

小さな手まりを集めたよう

コデマリ ［小手毬］

小さな白い花が手まりのように丸く集まり、枝葉が見えなくなるほど並んで、枝垂れる姿が見事です。春を代表する花木であり、同じ仲間のユキヤナギ(P.36)より、やや遅い開花です。初夏に咲く「オオデマリ」という名前の花は、レンプクソウ科の別種です。

花言葉	努力
別名	ダンゴバナ(団子花)
花の色	○
分類	バラ科シモツケ属
原産地	中国
開花期	4～5月

赤く熟す実は薬用になる

サンザシ［山査子］

白いウメ（P.240）に似た丸い形の五弁花をつけ、枝にはとげがあります。北半球の各地に自生し、単に「サンザシ」と呼ばれるものは中国原産で、秋に実る赤い実は食べられます（P.220参照）。英名は「メイフラワー（五月の花）」。さわやかな季節に咲く花の代名詞です。

花言葉	希望　幸福な家庭
別名	メイフラワー
花の色	○
分類	バラ科サンザシ属
原産地	中国
開花期	5〜6月

えにしだの
黄にむせびたる
五月かな
——久保田万太郎

黄色い蝶の形の花が群れ咲く

エニシダ［金雀枝］

マメ科の花に特徴的な蝶形の黄色い花が、枝に群がり咲きます。枝は細く緑色で、弓状に垂れます。スペイン語名の「hiniesta（イニエスタ）」が訛った名前で、植物のシダとは無関係です。昔のヨーロッパでは、エニシダの細い枝を束ねて箒《ほうき》をつくりました。

花言葉	清楚　清潔
花の色	●
分類	マメ科エニシダ属
原産地	ヨーロッパ、北アフリカ、アジア
開花期	4〜6月

芍薬やつくゑの上の紅楼夢《こうろうむ》

——永井荷風《かふう》

「芍薬が飾られた机の上。そこには、美女たちがいるようだ。」

注『紅楼夢』は清時代の中国の長編小説。12人の美女が登場する。

ボタンと並び称される美しさ

シャクヤク

［芍薬］

5月頃、大ぶりで豪華な花を咲かせます。「立てば芍薬、座れば牡丹」といえば、美人の代名詞。「花の宰相」とも呼ばれ、その美しさはボタン（P.80）と並び称されてきました。根に鎮痛効果があり、古く中国から薬草として伝えられましたが、やがて園芸品種が発達しました。花言葉は、夕方になると花を閉じてしまう性質からといわれます。

立てば芍薬
座れば牡丹
歩く姿は百合の花

——近世の流行り歌

花言葉	恥じらい　慎ましさ
別名	エビスグサ（夷草）、カオヨグサ（貌佳草）
花の色	●●○● 複色
分類	ボタン科ボタン属
原産地	中国
開花期	5月

「花の王」とも呼ばれる大輪の花

ボタン［牡丹］

美しさを象徴する豪華絢爛な花。10～20㎝の大輪の花を咲かせ、「花王《かおう》」と讃えられます。中国原産で、薬用として渡来しましたが、古くから観賞用に栽培されてきました。数多くの園芸品種があり、花の咲き方だけでも、一重、八重、さらに花弁が多い千重《せんえ》、万重《まんじゅ》と多彩。島根の県花であり、松江市の湖・中海《なかうみ》に浮かぶ大根島《だいこんじま》は、約300年前にボタンの栽培を始めた一大生産地です。現在も島内では、数万株のボタンが栽培されています。

白《はく》牡丹といふといへども紅《こう》ほのか

——高浜虚子

「白牡丹という名前だが、
よくよく見るとほのかに紅がさしているのだ。」

牡丹散《ちり》てうち重なりぬ二《に》三《さん》片《ぺん》

——与謝蕪村

「咲き誇っていたボタンもはらりと散りはじめ、厚みのある花びらが二、三片、地面の上で静かに重なっている。」

牡《ぼ》丹《たん》花《か》は咲き定《さだ》まりて静かなり
花の占めたる位置のたしかさ

——木下利《り》玄《げん》「一《いち》路《ろ》」

「ボタンの花は開ききって静かな様子である。大輪のその花の占めている位置の揺るぎなさよ。」

富の象徴として愛される

中国では唐の時代、ボタンの紋様は富貴の象徴として高い人気を誇りました。日本でも、貴族や武家の家紋に取り入れられています。花札で知られる「牡丹に蝶」は、日本画や浮世絵にも登場する人気のモチーフです。

シャクヤクとの見分け方

ボタンとシャクヤク(P.79)は同属ですが、大きなちがいは木か草かということ。ボタンは木なので冬でも枝が残りますが、シャクヤクは地上部が枯れ、地中で冬越しする多年草です。

花言葉	王者の風格
	高貴　恥じらい
別名	ボウタン、
	フウキグサ(富貴草)
花の色	●●○●●
分類	ボタン科ボタン属
原産地	中国
開花期	5月

薄い花びらが風に揺れ動く

ヒナゲシ［雛罌粟］

長く伸ばした茎に、透き通るような花びらをつけます。華奢な花姿が風に揺られる様子に風情があります。別名は「グビジンソウ（虞美人草）」。古代中国の楚の武将・項羽が、漢の劉邦に追い詰められると、項羽の愛人・虞美人も自害してしまいます。その傍らに赤い花が咲いたという伝説に基づきます。道端で見かける、よく似た薄いオレンジ色の花は、別種の「ナガミヒナゲシ」です。

花言葉	慰め　休息
別名	グビジンソウ（虞美人草）、シャーレイポピー
花の色	●●○ 複色
分類	ケシ科ケシ属
原産地	ヨーロッパ
開花期	5～7月

ああ皐月《さつき》仏蘭西《フランス》の野は火の色す
君も雛罌粟《コクリコ》われも雛罌粟

——与謝野晶子「夏より秋へ」

「ああ麗《うるわ》しい五月、フランスの野は、咲き乱れる雛罌粟《ひなげし》で、一面燃え立つような赤色に染まっている。あなたも私も、まるで雛罌粟のよう。」

矢車に似る素朴な美しさ

ヤグルマギク［矢車菊］

切れ込みのある薄い花びらを放射状に広げる様子が、鯉のぼりの竿の先につける矢車の形に似ていることから、名前がつけられました。ヨーロッパでは古くから栽培され、ツタンカーメンの副葬品としても、この花の花束が納められていたそう。麦畑の中にこぼれ種で増え、ムギの成長を阻害するため、雑草として扱われることもあります。

函館の青柳町《あおやぎちょう》こそかなしけれ
友の恋歌《こいうた》
矢ぐるまの花

――石川啄木「一握の砂」

「函館の青柳町にいた時代は、とりわけなつかしい。友の恋の歌を聞いて楽しみ、家の周囲にはヤグルマギクが咲いていたなあ。」

アントワネットも愛した花

ヤグルマギクは、バラやスミレの花と並び、マリー・アントワネットが好んだ花としても知られます。ヤグルマギクのモチーフがデザインされた、愛用のファブリックや食器が残ります。

花言葉	繊細　優美　幸福
別名	ヤグルマソウ(矢車草)、コーンフラワー
花の色	●●●●○ 複色
分類	キク科ヤグルマギク属
原産地	東南ヨーロッパ
開花期	12～翌7月

小さな鈴のように可憐な花

スズラン［鈴蘭］

小さな鈴に似た真っ白な花が、さわやかな芳香を漂わせながら、うつむくように連なって咲きます。花を包むように、大きな2枚の葉がつきます。園芸品種は主に、大ぶりなヨーロッパ原産の「ドイツスズラン」です。自生種は北海道や本州中部以北の高原に咲き、花が小さめで、花茎《かけい》が短いことが特徴です。清浄なイメージの花姿から、ヨーロッパでは聖母マリアの象徴とされ、花言葉は「純潔」。

ロイヤルウエディングの名脇役

女優のグレース・ケリーがモナコ公妃となったとき、手元を飾ったのは清楚なスズランのブーケでした。近年では、英国王室のウィリアム皇太子とキャサリン皇太子妃の結婚式のブーケとしても注目されました。

すずらんの
りりりりりりと
風に在り
――日野草城《そうじょう》

花言葉	幸福の再来　純潔　純粋
別名	キミカゲソウ（君影草）
花の色	○
分類	スズラン科スズラン属
原産地	アジア、ヨーロッパ
開花期	5～6月

日本の野山に生える紫のラン

シラン［紫蘭］

山の斜面などに自生する赤紫色のラン。自生種は準絶滅危惧種に指定され、目にすることはまれです。一方、栽培種としては丈夫で育てやすい植物。根が分裂して増えるほか、結実すると小さな種を飛ばし、庭や公園のあちこちで増えます。

花言葉	変わらぬ愛
別名	コウラン（紅蘭）
花の色	●○
分類	ラン科シラン属
原産地	日本
開花期	４～５月

恋占いの花として親しまれる

マーガレット

ヨーロッパでは古くから、花びらを1枚ずつ抜いて占う恋占いの花として知られます。白く美しい花びらを持つため、名前はギリシャ語の「真珠」に由来します。茎が木のように堅くなり、春菊のような葉を持つことから、「モクシュンギク（木春菊）」とも呼ばれます。

花言葉	恋占い　心に秘めた愛
別名	モクシュンギク（木春菊）
花の色	○●●●
分類	キク科モクシュンギク属
原産地	カナリア諸島
開花期	３～６月

ギリシャ神話の「虹の女神」の名前

アイリス

欧米で栽培されるアヤメ科の品種を総称して「アイリス」といいます。代表種はダッチアイリスとジャーマンアイリスの2種。ダッチアイリスは、花びらのつけ根に入った黄色い斑《はん》が目印です。ジャーマンアイリスは、「レインボーフラワー（虹の花）」とも呼ばれ、華やかで多彩な花色が特徴。花弁のつけ根にあるブラシ状の突起「ひげ」もポイントです。

ゼウスに愛されたイリス

アイリスという名前は、ギリシャ神話の女神・イリスに由来します。ゼウスの侍女だったイリスは彼の求愛から逃れるため、ゼウスの妻・ヘラに虹を渡る使者に変えてもらったといいます。

たましひよりも濃き紫をしたたらせ
アイリスの朝のつゆけき詠唱《アリヤ》

——齋藤 史《ふみ》「風に燃す」

「アイリスが、その花の深く濃い紫色を映した朝露を滴らせている。その姿は、魂をふりしぼって歌っているかのよう。」

注 「アリア」は、オペラなどで旋律を独唱すること。

花言葉	よい便り　消息　恋のメッセージ
別名	セイヨウアヤメ（西洋あやめ）
花の色	●●○
分類	アヤメ科アヤメ属
原産地	ヨーロッパ、地中海沿岸
開花期	4～5月

アヤメの仲間に先がけて咲く

イチハツ［一八・鳶尾］

アヤメの仲間に先がけて、最初に咲き始めることから、イチハツという名前がつきました。3枚の外花被《がいかひ》（外側の大きな花びら）の中央にある、ひらひらとしたとさか状の白い突起が特徴。かつては台風や火災を防ぐといわれ、農家などの茅葺屋根の頂上に植えられていました。根を乾燥させたものは、鳶尾根《えんびこん》という生薬に使用されています。

いちはつの花咲きいでて
我目《わがめ》には今年ばかりの春行かんとす

——正岡子規「竹乃里歌」

「イチハツの花が咲き始めている。
病んでいる私の目にそれは、
今生最後の春が去ろうとしているように映る。」

注 子規は長年、結核による闘病生活を送った。この歌は1901年の作で、子規はその翌年の秋に永眠する。

花言葉	吉報
別名	エンビ（鳶尾）、コヤスグサ（子安草）
花の色	●○
分類	アヤメ科アヤメ属
原産地	中国
開花期	4～5月

枝葉の美しい植物たち

人目を引く花を咲かせるわけではありませんが、古来、その葉や枝の様子が愛され、広く歌や物語に描かれてきた草木を紹介します。

みちのべに清水ながるる柳かげ
しばしとてこそ立ちとまりつれ

——西行「新古今和歌集」

「道のほとりに清水が湧き、川になって流れている柳の木陰を見つけた。少しの間休もうと思って立ち止まったのに、長居をしてしまったよ。」

浅緑の新芽が早春を彩る

ヤナギ［柳］

春先にいち早く芽吹く姿が、古来、生命力のシンボルとして崇められました。枝葉も人の心をとらえ、しなやかな枝は「柳糸《りゅうし》」と呼ばれます。また、「柳眉《りゅうび》」は美人の眉を柳の葉にたとえた言葉。ウメやサクラとも取り合わせられ、その色彩美が賞賛されています。

別名	シダレヤナギ（枝垂柳）、アオヤギ（青柳）
分類	ヤナギ科ヤナギ属
開花期	3〜6月

梓《あずさ》弓《ゆみ》引かばまにまによらめども
後《のち》の心を知りかてぬかも

——石川郎女《いらつめ》「万葉集」

「梓弓を引くように私の手を引くのならば、
お心のままに応じますけれど、
のちにその心がどうなるかなんて知りようがないのです。」

やはらかに柳あをめる
北《きた》上《かみ》の岸辺目に見ゆ
泣けとごとくに

——石川啄木「一握の砂」

「やわらかに芽吹いたばかりのヤナギは青々として、
北上川の岸辺が目に飛び込んでくる。
それはまるで泣けというばかりに。」

「梓弓」として歌の題材になる
ミズメ［水目］

古くは神事用の弓として用いられた「梓弓《あずさゆみ》」は、ミズメの木の枝で作られたといいます。神事の際には、弦《つる》を爪弾いて使用したそう。弓に関係のある「引く」「張る」などの枕詞となり、恋の駆け引きの歌にもよく登場します。別名の「ヨグソ」は糞、「ミネバリ」は尿《ゆばり》の意で、樹皮をはぐと強い臭気が漂うためです。

別名	アズサ（梓）、 ヨグソミネバリ（夜糞峰榛）
分類	カバノキ科カバノキ属
開花期	4～5月

雨蛙芭蕉に乗りてそよぎけり

——榎本其角《きかく》

風にそよぐ葉がダイナミック

バショウ［芭蕉］

長さ2mにも及ぶ大型の葉が特徴の多年草。松尾芭蕉は庵に植えたこの植物がたいへん気に入り、自らの俳号を「芭蕉」に改めたといいます。初夏に青々とした葉を広げ、やがて薄黄色のラグビーボールのような花をつけます。果実はバナナに似ますが食べられません。大きな葉はやがて、風雨にさらされてボロボロに。その姿も「破芭《やれば》蕉《しょう》」と呼ばれ趣を感じさせます。

別名	ジャパニーズ・バナナ
分類	バショウ科バショウ属
開花期	7～9月

独《ひとり》居《い》や
芭蕉をたたく
雨の音

——二葉亭四迷

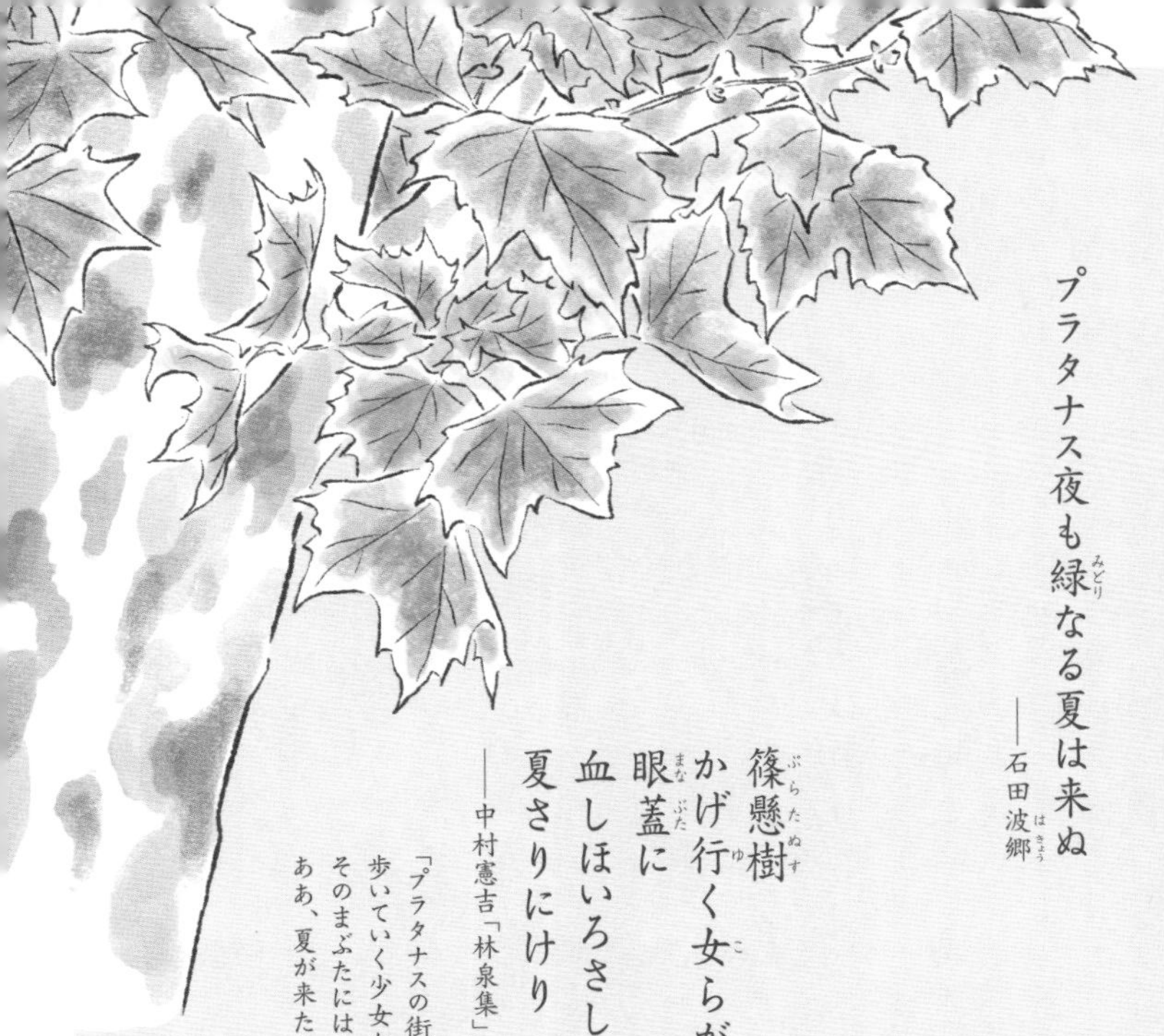

プラタナス夜も緑《みどり》なる夏は来ぬ
——石田波郷《はきょう》

篠懸樹《ぷらたぬす》
かげ行《ゆ》く女《こ》らが
眼蓋《まなぶた》に
血しほいろさし
夏さりにけり
——中村憲吉「林泉集」

「プラタナスの街路樹の木陰を
歩いていく少女たち。
そのまぶたには血潮の赤い色がさしている。
ああ、夏が来たのだなあ。」

大きな葉が夏の木陰をつくる

プラタナス

公園や街路に植えられ、夏に大きな葉を広げて道行く人に緑の陰を提供します。樹皮が自然にはがれ落ち、幹に白や薄緑の斑が入ることが特徴。古代ギリシャにはプラタナスの並木道があり、プラトンなどの哲学者が木陰で哲学を説いたといわれ、天才の象徴ともされます。球形の花が、山伏の着る衣「篠懸《すずかけ》」につける房の形に似るため、「スズカケノキ」の別名も。

別名	スズカケノキ（鈴懸の木）
分類	スズカケノキ科スズカケノキ属
開花期	5月

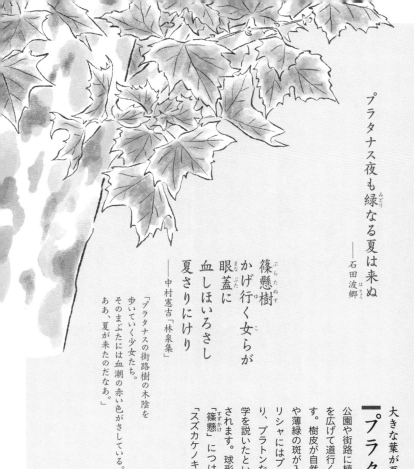

子供たちよ。
これは譲り葉の木です。
この譲り葉は
新しい葉が出来ると
入れ代つてふるい葉が落ちてしまふのです。

こんなに厚い葉
こんなに大きい葉でも
新しい葉が出来ると無造作に落ちる
新しい葉にいのちを譲つて——。

——河井酔茗《すいめい》「ゆづり葉」

正月さんがござった。
どこまでござった。
富士のお山の麓《ふもと》まで。
何に乗ってござった。
お餅のような下駄はいて、
譲葉に乗って、
ゆづりゆづりござった。

——わらべうた「お正月」

注 歌詞には諸説あり。

古い葉が新しい葉に入れ替わる

ユズリハ ［譲葉］

大型で光沢のある葉が枝先に集まってつきます。春に新葉が出ると、古い葉はその座を譲るように地に落ち、肥料となって木を育てます。親子の世代交代を思わせる姿が、家が代々続くことと結びつき、縁起のよい木とされて、お正月の飾り物にも使われます。

別名	ユズルハ
分類	ユズリハ科ユズリハ属
開花期	5～6月

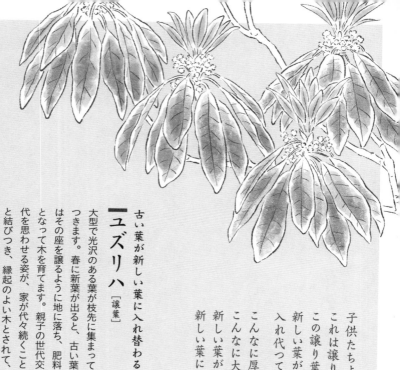

ちはやぶる
神代《かみよ》もきかず
竜《たつ》田《た》川《がわ》
からくれなゐに
水くくるとは

——在原業平「古今和歌集」

「不思議なことが数多くあったであろう、神が治めていた時代にも聞いたことがない。散ったモミジが、竜田川の水を鮮やかな深紅にくくり染め（絞り染め）にするとは。」

奥山に紅葉《もみじ》踏みわけ鳴く鹿の
声きく時ぞ秋は悲しき

——よみ人知らず「古今和歌集」

「人里離れた山の奥で、モミジを踏みわけながら（雌鹿を求めて）鳴く牡鹿の声を聞くときには、秋は悲しいと感じるものだなあ。」

注 作者は小倉百人一首では猿丸太夫《さるまるだゆう》。

「山の錦」として愛されてきた

カエデ［楓］

元来、秋に木の葉や草が赤や黄に色づくことを、総じて「もみじ」といいました。現在は紅葉するカエデ類を、主に「モミジ」と呼びます。カエデは「蛙手《かえるで》」が語源で、葉の形を蛙の手にたとえたもの。「山の錦」として、多くの歌に詠まれてきました。

別名	モミジ
分類	ムクロジ科カエデ属
開花期	4～5月

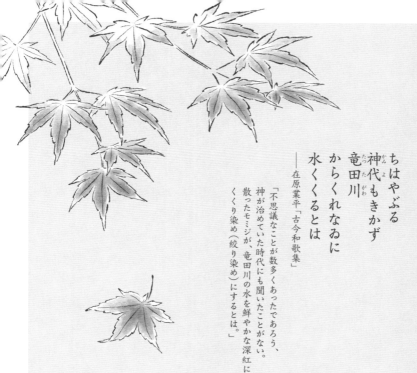

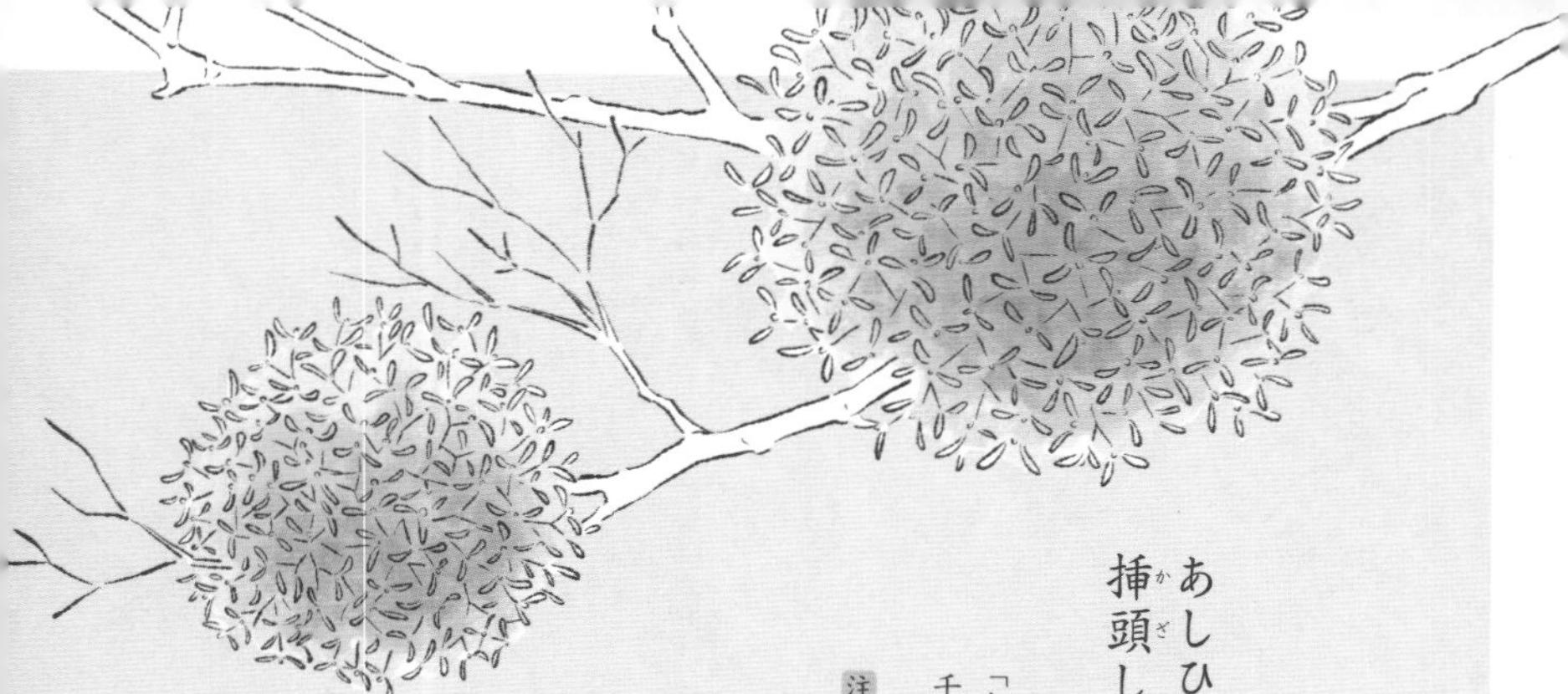

落葉した木に掛かる緑色の毬

ヤドリギ ［宿り木］

森の高い木の梢に、球形の緑のかたまりが見られることがあります。ヤドリギは名前の通り、エノキやブナなどに寄生する低木です。根がなく、直接樹木に食い込んで栄養分をもらいます。冬場、枯れ木の樹上に常緑の葉を茂らせ、やがて黄金色の実が熟すことから、古くはその神秘的ともいえる生命力が崇拝の対象となりました。西欧ではクリスマス飾りにも用いられます。

あしひきの山の木末《こぬれ》の寄生《ほよ》取りて
挿頭《かざ》しつらくは千年《ちとせ》寿《ほ》くとそ

——大伴家持《やかもち》「万葉集」

「山の木の梢のヤドリギを折り取って髪に挿したのは、千年の寿命をことほぐ（神に祈る）気持ちからなのだよ。」

注 「あしひきの」は、「山」にかかる枕詞。

雪《ゆき》童子《わらす》は、
風のやうに象の形の丘にのぼりました。（中略）
その頂《いただき》には、一本の大きな栗の木が、
美しい黄金《きん》いろのやどりぎのまりをつけて
立つてゐました。

——宮沢賢治「水仙月の四日」

別名	ホヨ（寄生）
分類	ビャクダン科ヤドリギ属
開花期	2～3月

冬枯れの中、青々と茂る

タケ［竹］

古くから細工物や建材に利用される、生活に欠かせない植物です。寒中に緑を保つことと生命力の強さから、門松や七夕の笹竹など、縁起物にも用いられます。生長が早いことでも知られ、春先に頭を出すタケノコは、約10日間でタケになり、夏には若葉を広げます。

別名	マダケ（真竹）、 モウソウチク（孟宗竹）
分類	イネ科マダケ属
開花期	数十年に一度

あたらしく冬きたりけり
鞭《むち》のごと幹ひびき合ひ
竹群《たけむら》はあり

——宮 柊二《しゅうじ》「日本挽歌」

「新しい冬がやって来た。鞭がしなうように、寒風にあおられた幹がぶつかり合って音を響かせる竹林がある。」

竹の子や
児《ちご》の歯ぐきのうつくしき

——服部嵐雪《らんせつ》

「待つ」とかけて歌に詠まれた

マツ［松］

「マツ」は、世界に分布するマツ科の樹木の総称です。日本では樹皮が赤みを帯びるアカマツと、黒褐色のクロマツが主で、潮風に強く海岸に自生するのはクロマツが多いようです。古来、常緑の姿が不老長寿の象徴とされてきました。神の依《よ》り代《しろ》ともされ、正月の門松は歳神《としがみ》様を迎えるものです。「松」と「待つ」をかけて、和歌にもよく詠み込まれます。

たち別れ
いなばの山の峰に生《お》ふる
まつとし聞かば今帰り来む
——在原行平《ゆきひら》「古今和歌集」

「別れて因幡《いなば》国（鳥取県）に行ってしまうとしても、その地の稲羽《いなば》山の峰に生えているマツのように、あなたが「待つ」と言うのを聞いたなら、すぐにでも帰ってきましょう。」

山ふかみ
春とも知らぬ
松の戸に
たえだえかかる
雪の玉《たま》水《みず》
——式子《しょくし》内親王「新古今和歌集」

「山が深いので
春の訪れもわからない
この庵の松の戸に、
とぎれとぎれに落ちかかる
玉のような
雪解け水の雫よ。」

分類　マツ科、マツ属
開花期　4〜5月

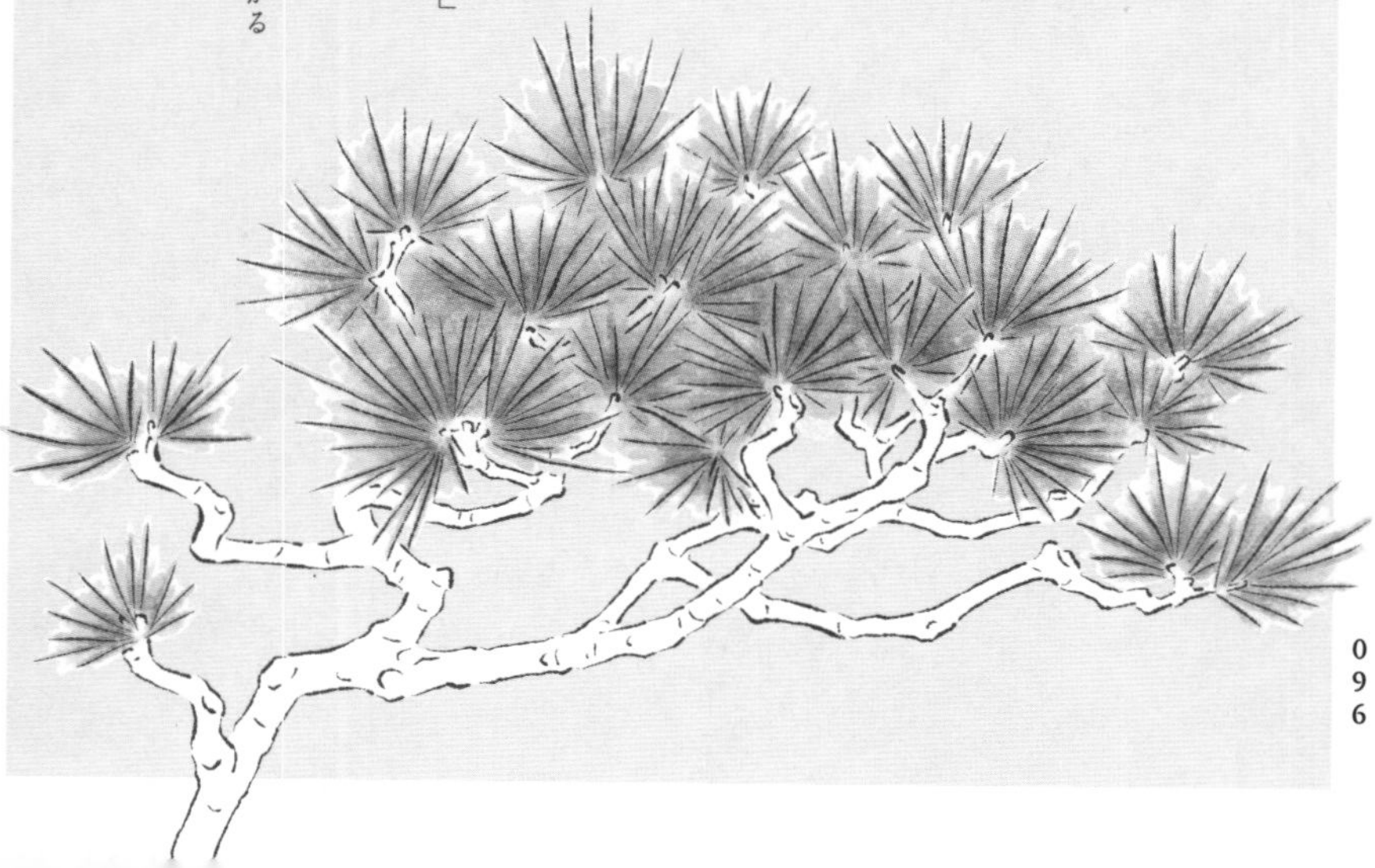

初夏・夏

多くの草花が盛りを迎える季節。
夏の強い日ざしを浴びて育つ植物たちは、
どれも生命力旺盛で、エネルギーにあふれています。

初夏

古来愛される水辺の花

カキツバタ

［杜若・燕子花］

湿地や水辺に生えるアヤメ属の花。主に青紫色の花を咲かせます。昔は花を布に摺《す》りつけて染めたため、「書き付《つ》け花」から転じて、「カキツバタ」になったといいます。飛翔するツバメを思わせる姿から、漢字で「燕子花」とも表記します。

花言葉	幸運が訪れる
別名	カオヨバナ（貌佳花）
花の色	●○
分類	アヤメ科アヤメ属
原産地	日本
開花期	5〜6月

からころも
着つつなれにし
つましあれば
はるばる来《き》ぬる
旅をしぞ思ふ

——「伊勢物語」

「何度も着た衣の褄《つま》（着物の襟や裾の端）がなじむように、慣れ親しんだ妻が都にいる。妻を思い出しては、はるばる来てしまった旅の空のさびしさを思うのだ。」

注 各句の最初の文字を連ねると「かきつばた」となる。「折句」という技法。

アヤメ属の仲間との見分け方

「いずれ菖蒲《あやめ》か杜若」というように、どれもよく似たアヤメ属の花。カキツバタは、外花被《がいかひ》（外側の大きな花びら）の中心に通った白い一本線が特徴です。また、湿地など水に浸かる場所で育ちます。

花びらに織目のような模様が入る

アヤメ［菖蒲］

外花被《がいかひ》にある布の織目のような模様が特徴。昔は織目を「文《あや》目《め》」といったことが、名前の由来です。アヤメ属の中では、比較的乾燥した土地を好み、野原などで育ちます。漢字表記が同じショウブ(P.100)も、かつては「あやめ草」と呼ばれました。

花言葉	よい便り
別名	ハナアヤメ（花あやめ）
花の色	●○
分類	アヤメ科アヤメ属
原産地	日本
開花期	5月

花びらのつけ根が黄色い

ハナショウブ［花菖蒲］

日本に自生するノハナショウブの園芸品種。外花被《がいかひ》のつけ根に黄色い模様が入ることが特徴です。端午《たんご》の節句に菖蒲湯に入れるショウブ(P.100)とは別種ですが、葉の形状が似ていることから、「ハナショウブ(花菖蒲)」と名づけられました。

花言葉	あなたを信じます
花の色	●●○● 複色
分類	アヤメ科アヤメ属
原産地	日本
開花期	5〜6月

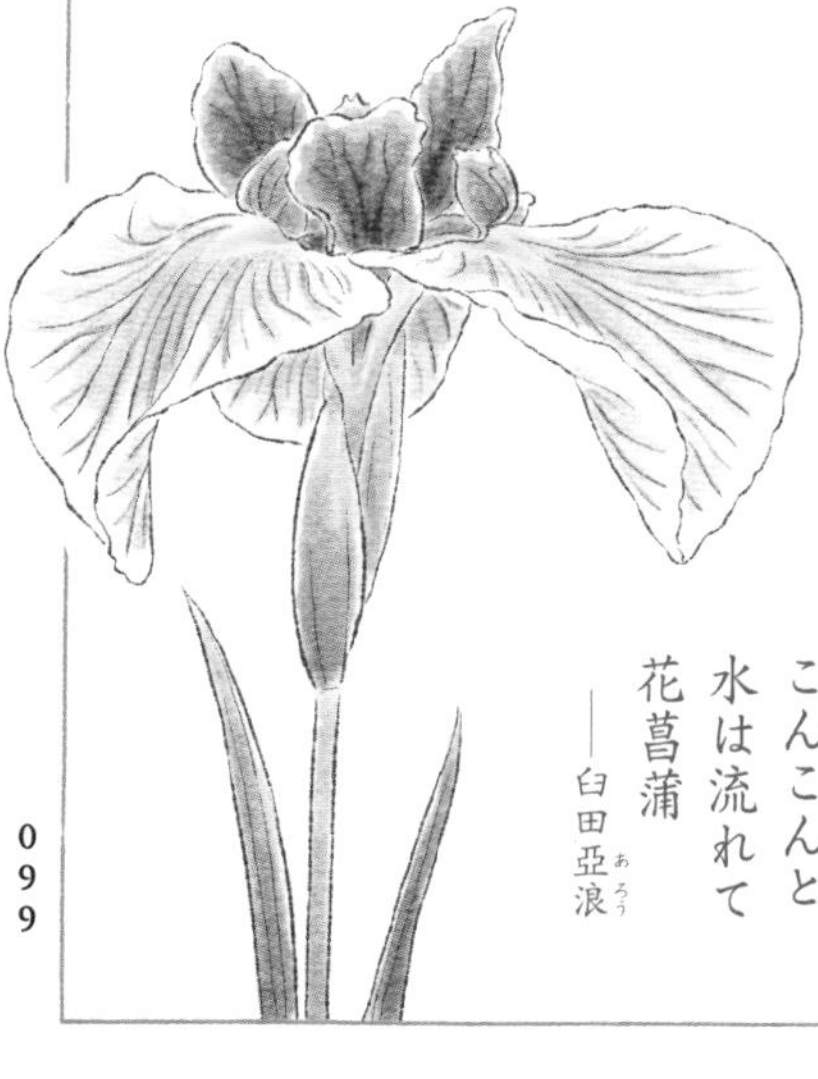

こんこんと
水は流れて
花菖蒲
——臼田亞浪《あろう》

よい香りが邪気を祓うとされた

ショウブ［菖蒲］

池や川のほとりなどで群落をつくります。初夏には葉の間から、黄緑色の小花が密集した太い穂を出します。強い香りを放つ葉は、邪気を祓うとされ、5月の端午の節句には、葉を湯船に入れる「菖蒲湯」や、家の軒に飾る「軒《のき》菖蒲《あやめ》」の風習が生まれました。昔は「アヤメグサ(菖蒲草)」と呼ばれ、物事の文《あや》目《め》(筋目)とかけて歌に詠まれています。

端午の節句と2つの「ショウブ」

「ショウブ」が武を重んじる「尚武《しょうぶ》」に通じることから、端午の節句は男の子の成長を祈る行事としても知られます。やがて、開花期を同じくするハナショウブ(P.99)も、端午の節句に飾られるようになったといいます。

別名	アヤメグサ（菖蒲草）、ノキアヤメ（軒菖蒲）、フキグサ（葺草）
花の色	●
分類	ショウブ科ショウブ属
原産地	日本を含むアジア、ヨーロッパ
開花期	5～7月

ほととぎす
鳴くやさつきの
あやめ草
あやめも知らぬ
恋もするかな

——よみ人知らず「古今和歌集」

「ほととぎすが鳴く、この五月に咲くあやめ草。そのあやめが咲くように、わけのわからない恋をしているのだなあ。」

注 「あやめ（文目）」とは、物事の筋道のこと。

金平糖のようにとがったつぼみ

カルミア

独特な花姿が特徴のツツジの仲間です。金平糖のようなつぼみが開くと、開いた傘のような姿になります。常緑の葉がシャクナゲ(P.69)に似るため、「アメリカシャクナゲ」とも呼ばれます。花に昆虫が訪れると、雄しべが飛び出し、花粉が飛散する仕組みです。

花言葉	優美な女性　大きな希望
別名	アメリカシャクナゲ
花の色	○●●
分類	ツツジ科ハナガサシャクナゲ属
原産地	北アメリカ
開花期	5～6月

5月に咲くツツジの一種

サツキ［皐月］

ツツジ(P.70)よりひと月ほど遅く、5月下旬頃に咲くことから、「サツキ」と呼ばれます。また、ツツジは花の後に若葉を出しますが、サツキは若葉の後に花開きます。河岸の岩場などに自生し、水分をあまり必要としない性質から、花言葉は「節約」。

花言葉	節約　貞淑
別名	サツキツツジ(皐月躑躅)
花の色	●○
分類	ツツジ科ツツジ属
原産地	日本
開花期	5～7月

初夏

成就しなかった恋の化身

テイカカズラ［定家葛］

小倉百人一首の選者としても知られる藤原定家《ていか》。花の名前は、定家が思いを寄せていた式子内親王《しょくしないしんのう》への執心で、死後も蔦葛《つたかずら》となって内親王の墓に絡みついたという伝説をもとにした謡曲《ようきょく》「定家」に由来します。初夏にプロペラのような形の、香りのよい白い花を咲かせます。つる状の茎が壁や木に食い込んでよじ登り、高さ10mに及ぶこともあります。

かきやりしその黒髪のすぢごとに
うちふすほどは面影ぞたつ

——藤原定家「新古今和歌集」

「私がかきなでたあなたの黒髪の一筋一筋、
その手ざわりをはっきりとおぼえている。
独り寝ているときには、
あなたの面影がまざまざと思い浮かぶのだ。」

花言葉	依存　優美な女性
別名	マサキノカズラ（柾葛）
花の色	○
分類	キョウチクトウ科テイカカズラ属
原産地	朝鮮半島、日本
開花期	5〜6月

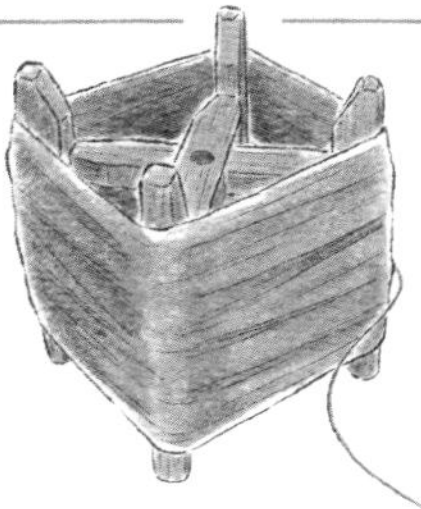

麻糸を巻いた「苧環《おだまき》」に似る

オダマキ

［苧環］

花の形が、内部を空洞にして麻糸を丸く巻いた「苧環」に似ていることからついた名前です。「イトクリソウ（糸繰草）」とも呼ばれます。ヨーロッパでは、葉を手にこすりつけると勇気が出て勝負に勝つと信じられたことから、花言葉は「勝利」。

昔を懐かしむ「しづのをだまき」

「しづやしづ……」は、都を追われた源義経を懐かしみ、恋仲だった静御前が詠んだ歌。「しづ」は麻布のこと。『伊勢物語』にある苧環の歌を、本歌取りしていることでも知られます。

しづやしづ
しづのをだまきくりかへし
昔を今になすよしもがな

——「平家物語」

「「静よ、静」と繰り返し呼んでくださったあの方。
しづ（麻布）を織るために糸を巻くオダマキのように、
時を巻き戻して、あなたの声を
今にたぐり寄せる方法があったらなあ。」

花言葉	勝利　愚か
別名	イトクリソウ（糸繰草）
花の色	●○
分類	キンポウゲ科オダマキ属
原産地	日本を含むアジア、ヨーロッパ
開花期	4～5月

初夏

こぼれるように咲く初夏の白い花

ウツギ

［卯木・空木］

初夏、枝先からこぼれんばかりに、釣鐘形の白い小花を房状に咲かせます。枝が空洞になっていることから、「ウツギ(空木)」と呼ばれるようになりました。また、卯月《うづき》(旧暦の4月、現在の5〜6月)に咲くので、「卯の花」とも呼ばれます。ちなみに、おからを「卯の花」と呼ぶのも、この花に似ていることから。万葉の時代から、初夏を告げる風物として親しまれてきました。

ほととぎす空に声して卯の花の
垣根も白く月ぞ出《い》でぬる

——永福門院《えいふくもんいん》「玉葉《ぎょくよう》和歌集」

「空からほととぎすの声がした。
ウツギが咲きこぼれる垣根の向こうには
月が出てきて、垣根を白く照らしている。」

卯の花の
匂う垣根に 時鳥《ほととぎす》
早《はや》も来《き》鳴きて
忍音《しのびね》もらす
夏は来ぬ

――佐佐木信綱「夏は来ぬ」

注「忍音」とは、その季節に初めて鳴く声のこと。「初音《はつね》」「初声《はつこえ》」とも。

卯の花は日をもちながら曇りけり

――加賀千代女《かがのちよじょ》

「日の光を浴びて白く咲くウツギ。
ふっと日が陰ったが、
ウツギは変わらず輝くように咲いている。」

家の生け垣を白く染めた

かつては生け垣によく使われ、満開の花で垣根が白く染まる様子が好まれました。花言葉の「秘密」も、家屋を隠すようであったことに由来します。

ホトトギスとウツギ

昔の人は、夏の到来を告げるホトトギスの初音《はつね》(その季節の最初の鳴き声)を待ち焦がれました。初夏の代名詞であるウツギとホトトギスは、歌の世界で定番の取り合わせ。『万葉集』では15首に詠み込まれています。

花言葉	秘密　古風
別名	ウノハナ(卯の花)
花の色	○●
分類	ユキノシタ科ウツギ属
原産地	中国、日本
開花期	5～7月

淡い紫の小花が美しい

センダン

［栴檀］

センダンは生長が早く、太い幹から枝を大きく広げ、高さ7mほどの高木になります。初夏には、淡い紫色の小花を房状に咲かせます。古くは「あふち(おうち)」と呼ばれ、「逢ふ」とかけて和歌に詠まれました。黄色く熟した実は、腹痛に効く生薬「クレンシ(苦楝子)」として用いられます。成語「栴檀は双葉より芳《かんば》し」の「栴檀」は、香木の「白檀《びゃくだん》」を指し、この木に香りはありません。

悪いものを遠ざける木

インドや中国では、邪気を祓う霊木とされています。そのためか平安時代には、処刑場にセンダンが植えられました。『平家物語』では、源義朝の首をセンダンの木にさらしたといいます。

妹《いも》が見し
あふちの花は
散りぬべし
我《わ》が泣く涙
いまだ干《ひ》なくに

——山上憶良《おくら》「万葉集」

「妻が見たセンダン（オウチ）の花はもう散ろうとしている。私の泣く涙はいまだ乾くことがないのに。」

注 山上憶良が、妻を亡くした大伴旅人に代わって詠んだ。亡くなった人を悼んで読む「挽歌」の一首。

花言葉	意見の相違
別名	オウチ（楝）
花の色	●
分類	センダン科センダン属
原産地	日本を含むアジア
開花期	5〜6月

五月《さつき》待つ花橘の香《か》をかげば
昔の人の袖の香ぞする

——「伊勢物語」

「五月を待って咲いた花橘の香りをかぐと、昔なじんだ人の袖の香りがする。」

橘は実さへ花さへその葉さへ
枝《え》に霜降れどいや常葉《とこは》の樹《き》

——聖武天皇「万葉集」

「タチバナは、実も花もその葉さえもすばらしいものだが、枝に霜が降っても、ますます栄える常緑の樹だ。」

常緑の葉に白い花が映える

ハナタチバナ ［花橘］

近畿以西の山地に自生する、ミカン科の常緑樹。初夏、枝の先に香りのよい白い五弁花を開きます。常緑の葉が長寿や繁栄と結びつき、観賞用に栽培されてきました。その花や葉は、古くは貴族や武家の家紋に取り入れられ、現在では文化勲章のデザインにも使われています。晩秋に小さな黄色い果実をつけますが、酸味が強く食用にはなりません。

「右近の橘」として知られる

京都御所の紫宸殿《ししんでん》の階《きざはし》の西側(紫宸殿に向かって左)に植えられたタチバナは、「右近の橘」として広く知られます。雛祭りの雛壇にも、対となる「左近の桜」と共に飾られます。

花言葉	追憶
別名	タチバナ(橘)、ヤマトタチバナ(大和橘)、ニッポンタチバナ(日本橘)
花の色	○
分類	ミカン科ミカン属
原産地	朝鮮半島、日本
開花期	5～7月

夕方、眠りにつくように葉を閉じる

ネムノキ［合歓の木］

葉は夕方になると閉じて、朝開きます。その眠るような様子から、「ネムノキ」の名前がつきました。花は毎日、夕方新しく開きます。細長い花が集まって、一つのかたまりをつくっています。ふわふわの糸のように見えるものは、長い雄しべで、花びらは根元に小さくついています。夜咲く花に、ガが蜜を吸いに来る様子も見られます。

花言葉	歓喜　胸のときめき
別名	ネム、ネブノキ、コウカンボク（合歓木）、コウカ（合歓）
花の色	●
分類	マメ科ネムノキ属
原産地	日本を含む東アジア
開花期	6～8月

仲のよい男女にたとえられる

夜になると向き合う葉をぴったりと合わせて閉じる様子から、仲のよい男女にたとえて「合歓木《こうかんぼく》」という漢名があります。花言葉も、喜びを共にするという連想から、「歓喜」「胸のときめき」。

昼間見し合歓《こうか》のあかき花のいろを
あこがれの如《ごと》く夜憶《おも》ひをり

——宮 柊二《しゅうじ》「群鶏《ぐんけい》」

「昼の間に見たネムノキの赤い花の色を思いこがれるようにして、夜になって心に浮かべている。」

白い総苞《そうほう》が法師の衣のよう

ヤマボウシ［山法師］

日本の山に自生する樹木です。大きな花びらのように見えるものは、葉が変化した「総《そう》苞《ほう》」で、中心に小さく丸い花序《かじょ》（花の集まり）があります。花序を法師の頭に、総苞を衣にたとえて、名前がつけられました。アメリカ原産のハナミズキ（P.68）の仲間です。

花言葉	友情
別名	ヤマグワ（山桑）
花の色	○●●
分類	ミズキ科サンシュユ属
原産地	中国、朝鮮半島、日本
開花期	5～7月

七度竈《かまど》に入れても燃え残る

ナナカマド［七竈］

涼しい山地に自生する樹木で、初夏に白い花を密集して咲かせます。葉は鳥の羽のように広がります。七度竈に入れても残るほど燃えにくいことから、名前がついたといわれます。秋には赤く熟した実と紅葉が美しく、寒い地域では街路樹としても植えられます。

花言葉	慎重　私はあなたを見守る
花の色	○
分類	バラ科ナナカマド属
原産地	朝鮮半島、日本
開花期	5～7月

ミツバチが好む香りのよい花

ハリエンジュ［針槐］

初夏、高い木の上に、白い小花がフジの花房のように垂れ下がります。花には芳香があり、蜜は「アカシアのはちみつ」として知られます。名前の通り、枝には針のようなとげがあります。「ニセアカシア」と呼ばれるのは、本来のアカシアである、ギンヨウアカシア(P.15)の仲間と区別するためです。

花言葉	プラトニックな愛　友情
別名	アカシア、ニセアカシア
花の色	○
分類	マメ科ハリエンジュ属
原産地	北アメリカ
開花期	5〜6月

大輪の花を樹上に咲かせる

タイサンボク［泰山木］

分厚く光沢がある緑の葉の間に、純白で大輪の花が開きます。高いもので20 mを超える木に、空を向いて花開くので、見上げないと開花に気づかないこともあります。北米原産ですが、威厳に満ちた花と樹木の姿から、中国の名山「泰山《たいざん》」の木を想像して、名前がつけられました。

あけぼのや
泰山木は
蝋《ろう》の花
——上田五千石《ごせんごく》

花言葉	前途洋々　威厳
別名	トキワハクレン(常磐白蓮)
花の色	○
分類	モクレン科モクレン属
原産地	北アメリカ
開花期	6月

沙羅の花
捨身の落花《らっか》
惜しみなし
——石田波郷《はきょう》

お釈迦様に縁づけられる

ナツツバキ ［夏椿］

梅雨の頃にツバキに似た白い花を咲かせ、一日でぽとりと落とします。ブッダが入滅《にゅうめつ》した場所に生えていた「沙羅双樹《さらそうじゅ》」の花に似ているとされ、「シャラノキ（沙羅の木）」とも呼ばれます。古くから、寺院の庭などに植えられてきました。灰褐色ですべすべとした幹も特徴です。

花言葉	愛らしさ
別名	シャラノキ（沙羅の木）
花の色	○
分類	ツバキ科ナツツバキ属
原産地	朝鮮半島、日本
開花期	6～7月

栽培バラの原種

ノイバラ ［野茨］

日本の河原や野原に広く自生するバラです。初夏、とげのある枝先にいくつか花を集めて咲きます。花は香りがよく白い一重咲きで、中央に黄色い雄しべがたくさんあります。秋には、小さな赤い実が豊かに実ります。栽培バラの原種で接ぎ木の土台としても利用されます。

愁《うれ》ひつつ
岡《おか》にのぼれば
花いばら
——与謝蕪村

花言葉	素朴な愛らしさ　詩情
別名	ノバラ（野薔薇）
花の色	○
分類	バラ科バラ属
原産地	朝鮮半島、日本
開花期	5～6月

初夏

チガヤ［茅］

人々の生活に密着した植物

初夏、日当たりのよい草地や河原で、白銀色の花穂《かすい》をそよがせます。若い穂は「茅花《つばな》」と呼ばれ、噛むと甘く、昔は野で遊ぶ子どものおやつになったそう。油分がある茎は、水をはじくため耐水性が高く、茅葺屋根をふく材料に使われました。魔除けの力もあるとされ、現在も神社などで無病息災を祈願する「茅《ち》の輪《わ》くぐり」の風習が残ります。

花言葉	子どもの守護神
別名	ツバナ（茅花）
花の色	○
分類	イネ科チガヤ属
原産地	アジア、アフリカ
開花期	５～６月

三日月の
ほのかに白し
茅花《つばな》の穂

——正岡子規

浅《あさ》茅《ぢ》生《ふ》の小《お》野《の》の篠《しの》原《はら》しのぶれど
あまりてなどか人の恋しき

——源 等《ひとし》「後撰和歌集」

「チガヤがまばらに生え、
篠竹（細くて背の低い竹）が茂る
野原の「しの」のように忍んでこらえているのに、
どうしても思いがおさえられない。
なぜこんなにあの人が恋しいのだろう。」

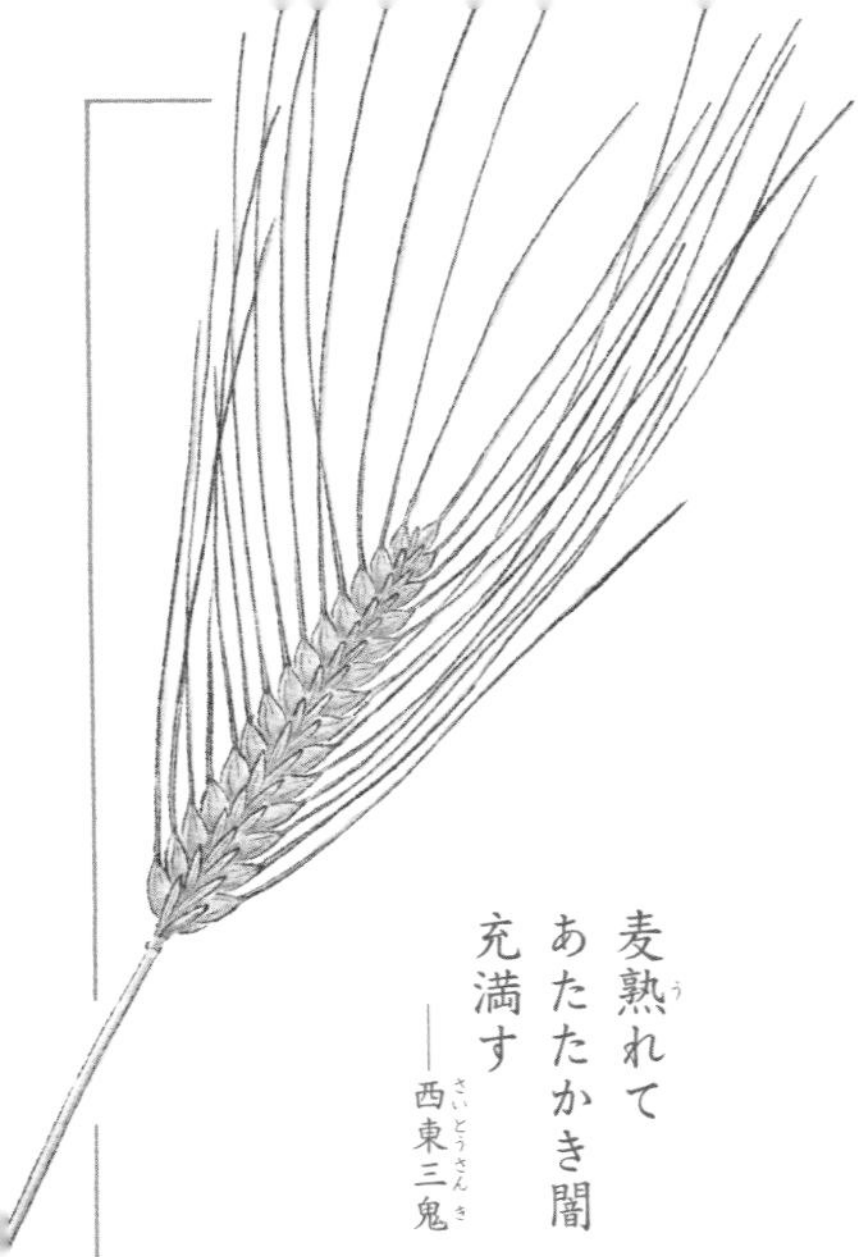

幸運をもたらす繁栄のシンボル

ムギ［麦］

多くの種類があるムギの中でも、麦茶や麦飯など、日本人に古くからなじむのはオオムギです。4～5月頃に穂を出し、初夏に収穫の季節を迎えます。昔は陰暦4月（現在の5月頃）を「麦秋《ばくしゅう》」と呼び、黄金色に染まった麦畑を実りの秋と重ねました。

麦熟《う》れて
あたたかき闇
充満す
——西東三鬼《さいとうさんき》

花言葉	富　希望　繁栄
別名	コゾクサ（去年草）、トシコシグサ（年越草）
花の色	●
分類	イネ科オオムギ属（オオムギ）
原産地	中央アジア
開花期	4～5月

食べられる酸っぱい野草

スイバ［酸葉］

道端や河原などでよく目にする野草です。新芽は山菜としておひたしなどで食べます。全体にシュウ酸を含み、噛むと酸味があります。ヨーロッパでは、「ソレル」として食用に栽培されています。雌雄異株で、赤い雌しべが鮮やかなのが雌株です。

花言葉	親愛の情　博愛
別名	スカンポ、ソレル
花の色	●
分類	タデ科ギシギシ属
原産地	ヨーロッパ、アジア
開花期	5～8月

初夏

バラ［薔薇］

古代より愛され続ける花の女王

「花の女王」と讃えられるバラの栽培の歴史は古く、紀元前にさかのぼります。原種の色はピンクや白色ですが、品種改良の結果、黄色やオレンジ、赤、薄紫など多様な色が生まれました。一重咲きに八重咲き、木立ち性につる性と、咲き方や樹形もさまざま。古くはクレオパトラもバラを愛し、湯船をバラの花びらで満たして入浴したといいます。

みづからの光のごとき明るさを
ささげて咲けり
くれなゐの薔薇

――佐藤佐太郎「帰潮《きちょう》」

くれなゐの二尺伸びたる薔薇の芽の
針やはらかに春雨のふる

――正岡子規「竹乃里歌」

「二尺ほど伸びた赤いバラの芽、そのまだやわらかい棘に、春雨がやさしく降っている。」

注「尺」は長さの単位。一尺が約30㎝。

バラの収集家・ジョセフィーヌ

ナポレオン一世の妻・ジョセフィーヌも、バラを愛した一人。ヨーロッパ諸国から約250種のバラを集めて栽培し、現代のフランスがバラ育種の中心地として繁栄する礎を築きました。

絵画に欠かせないモチーフ

ギリシャ神話によると、美の女神・ヴィーナスと共に誕生したとされるバラ。イタリアのルネサンス期の画家・ボッティチェリの代表作「ヴィーナスの誕生」にも、ピンクのバラが描かれています。また、白いバラは純潔を表し、聖母マリアと共に描かれました。

あえかなる
薔薇撰《え》りをれば
春の雷《らい》
――石田波郷《はきょう》

注　「あえかなる」は、かよわく頼りない様子のこと。

花言葉	情熱　熱烈な恋
別名	ソウビ（薔薇）
花の色	○ ● ● ● ● ● ● ● 複色
分類	バラ科バラ属
原産地	北半球の亜寒帯から熱帯地域
開花期	5～6月

＊品種によっては～11月

古来日本の野山に自生する

ユリ［百合］

バラと並ぶ美しい花の代表です。大型の花で、花びらは放射状に広がり、濃く甘い香りを漂わせます。日本には、「ヤマユリ」「オニユリ」「テッポウユリ」など、15種が自生します。恋い慕う気持ちを花に重ねて、『万葉集』などにも詠まれてきました。オニユリとヤマユリの球根は、「ゆり根」として食用になります。西欧では、白ユリは聖母マリアの象徴。「受胎告知《じゅたいこくち》」の絵画にも登場します。

欧米でも愛される日本のユリ

江戸時代、ドイツ人医師のシーボルトが持ち帰った日本のユリは、ヨーロッパで注目を集めました。現代では、ヤマユリやカノコユリなど、日本のユリをもとに、「カサブランカ」など豪華な園芸品種が生み出されています。

夏の野の繁みに咲ける姫百合の
知らえぬ恋は苦しきものそ

——大伴坂上郎女《おおとものさかのうえのいらつめ》「万葉集」

「夏の野の茂みにひっそりと咲いているヒメユリのように、知られないように想う恋は、つらく切ないものだなあ。」

すらりと揺らぐ茎の頂に、
心持首を傾《かたぶ》けていた細長い一輪の蕾が、
ふっくらと瓣《はなびら》を開いた。
真白な百合が鼻の先で骨に徹《こた》える程匂った。

——夏目漱石「夢十夜」

髪ながき少女《おとめ》とうまれ
しろ百合に額《ぬか》は伏せつつ君をこそ思へ

——山川登美子「恋衣《こいごろも》」

「髪が長く豊かな少女として生まれた私は、白百合に額を寄せてうつむきながら、あなたを想っています。」

赤い色でアゲハチョウを誘う

白い花びらに赤い斑点が印象的なヤマユリ。赤い点で、赤色に敏感なアゲハチョウに蜜のありかを示します。朱色のオニユリにも、アゲハが来ます。

花言葉	純潔　無垢　威厳
花の色	○ ● ● ● ● 複色
分類	ユリ科ユリ属
原産地	日本、ヨーロッパ
開花期	5〜8月

「つる性植物の女王」と呼ばれる

クレマチス

温帯に広く分布する、センニンソウ属のつる性植物の総称。名前は、ギリシャ語の「クレマ（つる）」に由来します。「カザグルマ」は日本、「テッセン」は中国に自生する原種の一つ。いずれも花弁のように見えるのは、大きく広がったがく片です。

花言葉	美しい心　高潔　策略
別名	テッセン(鉄線)、カザグルマ(風車)
花の色	
分類	キンポウゲ科センニンソウ属
原産地	北半球の各地
開花期	5～10月(種類により異なる)

時計に似た個性的な花の形

トケイソウ［時計草］

花を時計の文字盤に見立て、この名前がつきました。熱帯地域を中心に分布し、鑑賞用のほか、「パッションフルーツ」として果実が食用になる種類もあります。雄しべが十字架にかけられたキリストにも見えることから、信仰に関する花言葉を持ちます。

花言葉	聖なる愛　信仰
別名	パッションフラワー
花の色	
分類	トケイソウ科トケイソウ属
原産地	南アメリカ
開花期	7～9月

くるりと巻いた苞《ほう》の形が印象的

カラー

すっきりとした立ち姿が印象的。名前は、修道女の白い襟（カラー）に似ているという説と、ギリシャ語の「カロス（美しい）」に由来するという説があります。花びらに見えるものは、葉が変化した「苞《ほう》」。ミズバショウ（P.152）の仲間です。

花言葉	乙女のしとやかさ　清浄
別名	オランダカイウ（阿蘭陀海芋）
花の色	○ ● ● ● ● ●
分類	サトイモ科ヒメカイウ属
原産地	南アフリカ
開花期	５～７月

下から上へと花が咲き上る

ジギタリス

まっすぐな花茎《かけい》に、ベル状の花が鈴なりにつきます。花は下から上へと咲き上っていきます。小さな袋形の花の見た目から、別名は「キツネノテブクロ（狐の手袋）」。全体に強い毒性がありますが、強心剤として生薬にも利用されてきました。

花言葉	不誠実　胸のうち
別名	キツネノテブクロ（狐の手袋）
花の色	○ ● ● ● ●
分類	ゴマノハグサ科 キツネノテブクロ属
原産地	南ヨーロッパ
開花期	５～７月

花びらが金魚の尾ひれのよう

キンギョソウ

［金魚草］

鮮やかな色彩とふっくらとした花の形、ひらひらとした花びらが金魚を連想させることから、「キンギョソウ」と名づけられました。花びらが上下に分かれる「唇形花《しんけいか》」で、つまむと口のようにパクパクと開くことから、花言葉は「おしゃべり」。開花期は主に初夏ですが、さまざまな園芸品種が開発され、ほぼ通年で咲いています。

顔のように見える花

英名は、かみつこうとする竜の口に見立てた「スナップドラゴン」。ドイツ語では「ライオンの口」と呼ばれます。ドイツでは魔力が宿ると信じられ、花を吊るして魔除けにしたといいます。

花言葉	おしゃべり
	おせっかい　大胆不敵
別名	スナップドラゴン
花の色	● ● ○ ● ● 複色
分類	オオバコ科キンギョソウ属
原産地	地中海沿岸
開花期	４～６月

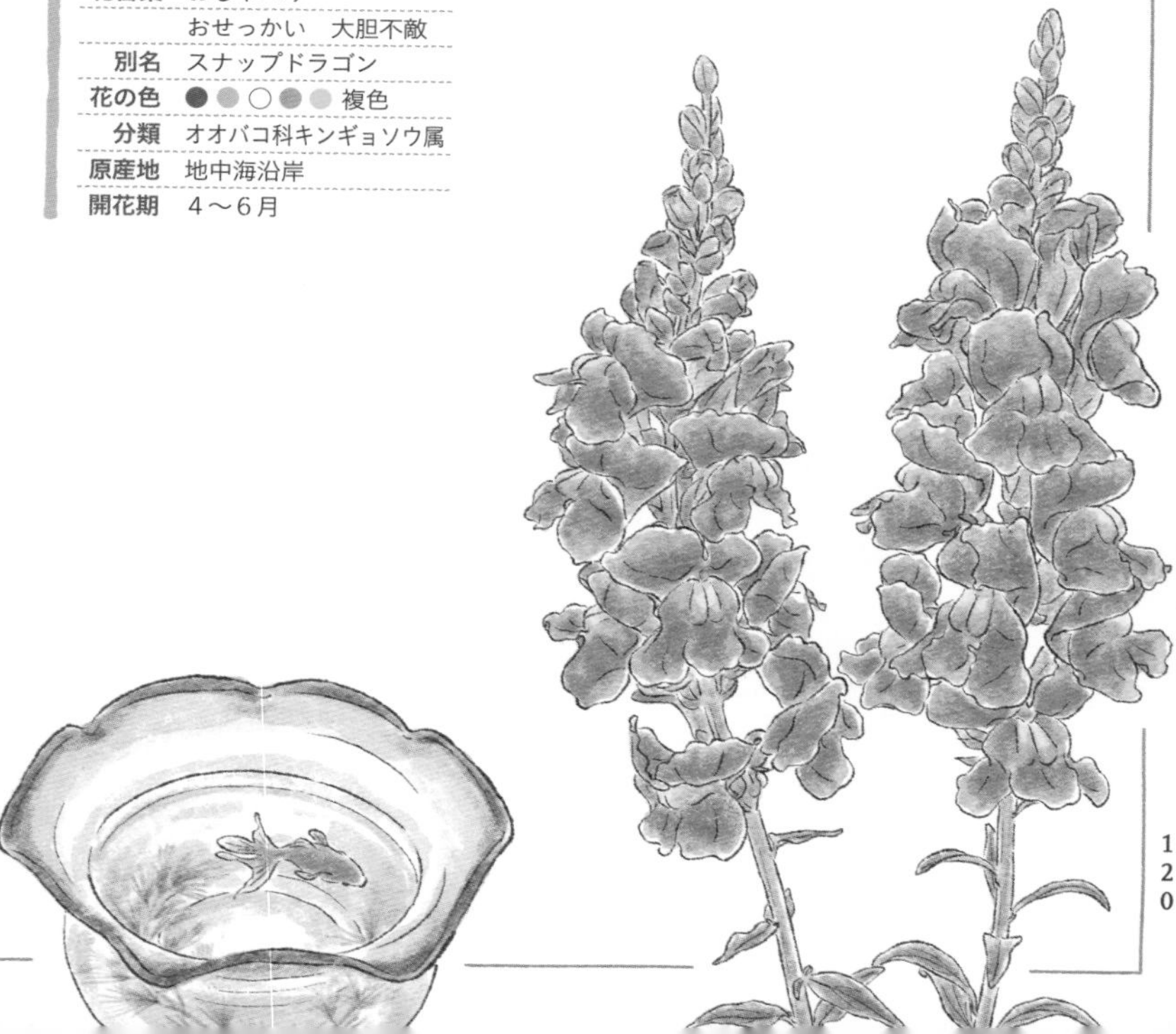

日々絶やさず花を咲かせる

ニチニチソウ

［日日草］

夏前から初秋までと開花期が長く、日々新しい花を咲かせては3～4日咲き続けるため、「ニチニチソウ」と名づけられました。丈夫で育てやすいため、公園の花壇などによく植えられています。毎日新しい花をあふれさせる様子から、前向きな花言葉がつけられています。

花言葉	楽しい思い出　生涯の友情
別名	ニチニチカ（日日花）
花の色	○ ● ●
分類	キョウチクトウ科ニチニチソウ属
原産地	マダガスカル、インド
開花期	5～10月

剣のような鋭い葉と華やかな花

グラジオラス

カラフルな花を咲かせるアヤメの仲間です。葉が鋭くとがっていることから、ラテン語で「剣」を意味する「グラジオラス」と名づけられました。昔、ヨーロッパでは、人目を忍ぶ恋人たちがこの花を相手に届け、咲いている花の数で逢い引きの時間を伝えたという逸話が残ります。

花言葉	密会　用心　思い出
別名	オランダアヤメ（阿蘭陀菖蒲）、トウショウブ（唐菖蒲）
花の色	● ● ● ○ ● ●
分類	アヤメ科トウショウブ属
原産地	南アフリカ
開花期	6～10月

踏み固められた大地に育つ

オオバコ［大葉子］

葉が大きいことが名前の由来です。丈夫な茎を絡ませて引っ張り合い、切れたほうが負け、という草相撲で遊びます。踏まれても平気なうえ、種が靴や車輪などにくっついて運ばれ、道に沿って増えていきます。そのため、別名は「シャゼンソウ（車前草）」。

話しつつ
おほばこの葉を
ふんでゆく
——星野立子

花言葉	足跡を残す
別名	シャゼンソウ（車前草）
花の色	○ ●
分類	オオバコ科オオバコ属
原産地	日本を含むアジア
開花期	４〜９月

らせん状にねじれて花がつく

ネジバナ［捩花］

野に咲くごく小さなランの仲間です。らせん状にねじれて花がつくため、この名がつきました。ねじれには、左巻きと右巻きが同じくらいあります。別名の「モジズリ（捩摺）」は、古代のねじれ模様の布を指す言葉として、和歌にも登場します。

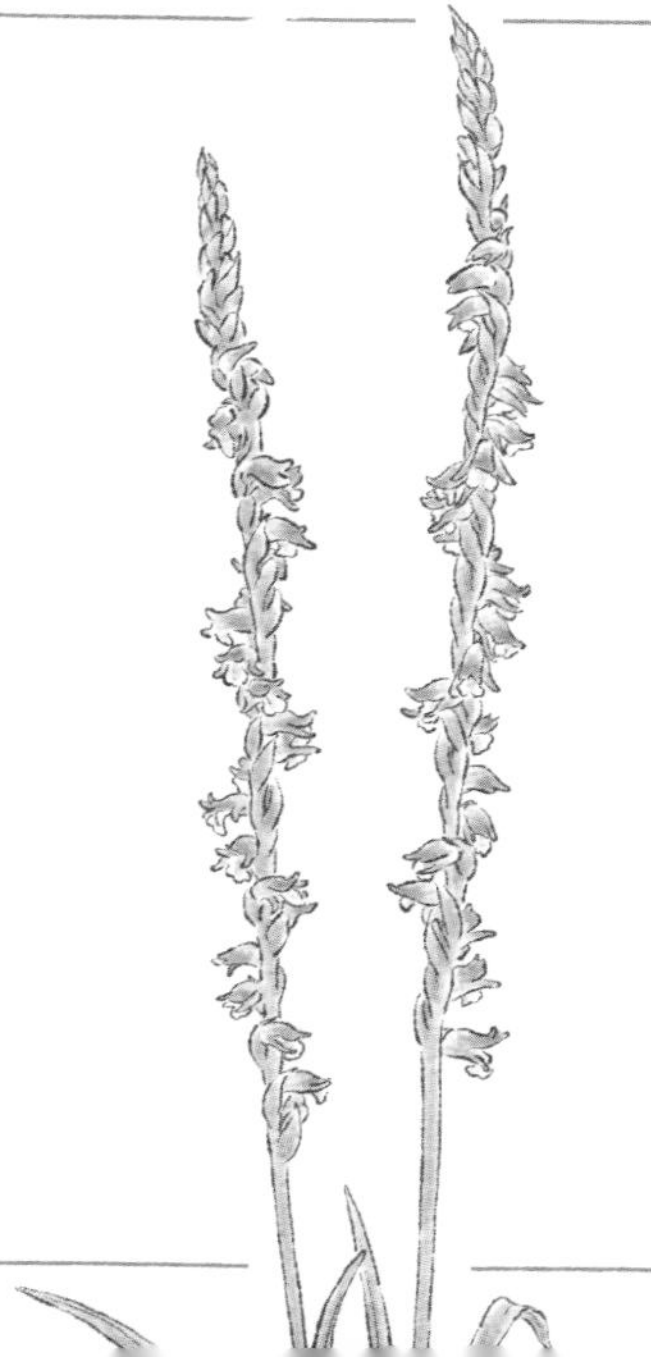

花言葉	思慕　恋しく思う
別名	モジズリ（捩摺）
花の色	●
分類	ラン科ネジバナ属
原産地	日本を含む世界各地
開花期	５〜８月

噛むと酸っぱい黄金の花

カタバミ［酢漿草・片喰］

道端などに自生する黄色い花は、午前中だけ開きます。葉や茎にシュウ酸を含み、かむと酸味があります。ハート形の葉を夜に半分閉じ、食べられたように見えることから、この名前に。蝶のヤマトシジミが卵を産みつけることでも知られます。

花言葉	輝く心　喜び
別名	スズメノハカマ（雀の袴）
花の色	●
分類	カタバミ科カタバミ属
原産地	温帯～熱帯地域
開花期	4～11月

黄と赤のコントラストが映える

ヘビイチゴ［蛇苺］

小さなイチゴのような赤い実を、「ヘビが食べる」「毒がある」などといわれて名づけられました。実際は無毒ですが、食べてもおいしくはありません。田んぼの畔道など、日当たりがよく湿り気のある場所に生えます。ヘビが出そうな場所に生えるという意味もあるようです。

花言葉	可憐　小悪魔のような魅力
別名	ドクイチゴ（毒苺）
花の色	●
分類	バラ科キジムシロ属
原産地	日本を含む東アジア
開花期	4～6月

春から夏の野に咲くアザミ

ノアザミ［野薊］

日本には150種以上のアザミが分布しますが、多くは山地に生えます。野に咲くアザミの代表がノアザミ。また、多くのアザミは夏〜秋に咲き、晩春から咲き始めるのは本種だけです。葉には鋭いとげがあり、総苞《そうほう》（がくに見える部分）にさわるとべたつきます。

花言葉	私をもっと知ってください　権利
別名	シソウ（刺草）
花の色	●
分類	キク科アザミ属
原産地	日本
開花期	5〜8月

上向きにつくつぼみが特徴

ヒメジョオン［姫女苑］

清楚な雰囲気を持つ一方で、強い繁殖力を持ち、線路沿いや空き地などに群生します。同じくアメリカからの帰化植物で、春に咲くハルジオン（P.46）とよく似ていますが、つぼみが上を向いてつき、茎を切ると中身に白い髄が詰まっていることが特徴です。

花言葉	素朴で清楚
別名	ヤナギバヒメギク（柳葉姫菊）
花の色	○
分類	キク科シオン属
原産地	北アメリカ
開花期	6〜10月

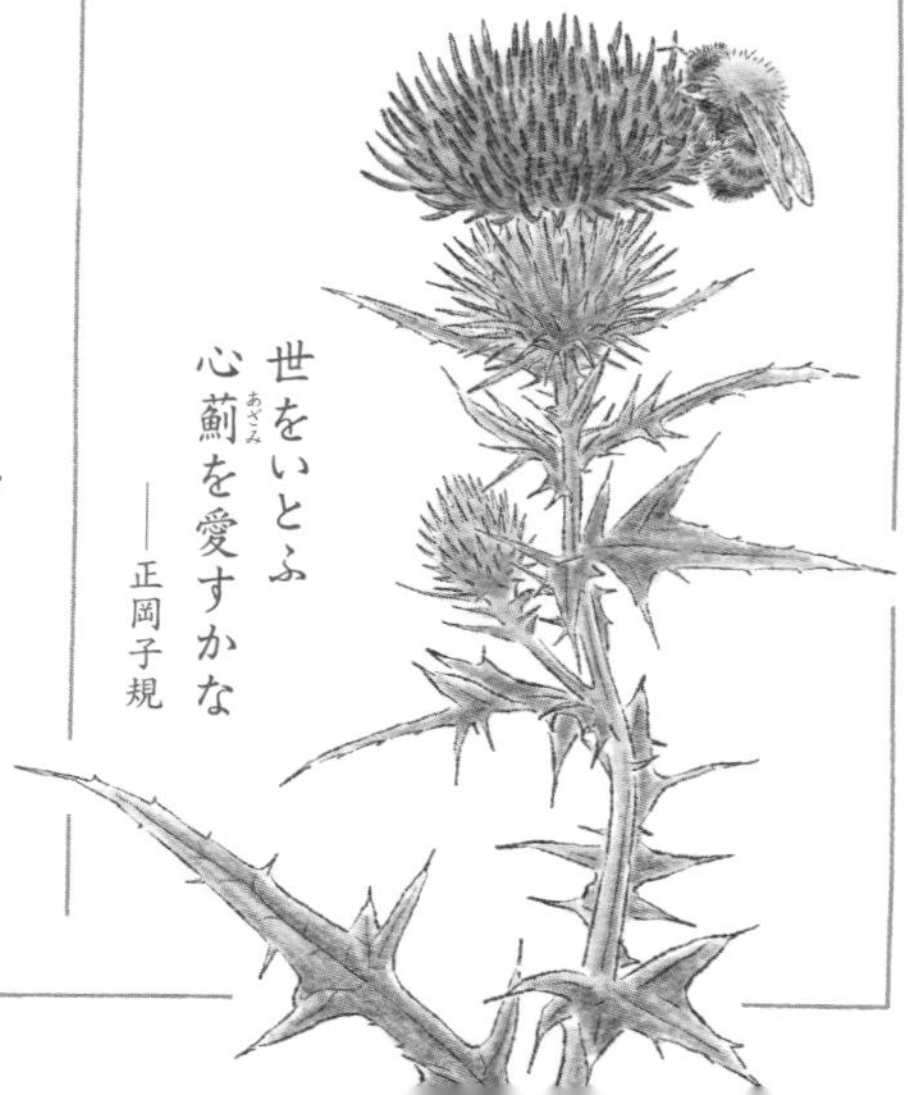

世をいとふ
心薊《あざみ》を愛すかな
——正岡子規

昼間も咲き続ける「月見草」

ヒルザキツキミソウ
［昼咲月見草］

夕方に咲いて朝にはしぼむ通常のツキミソウ（マツヨイグサ、P.126）と異なり、夜明け前に開いた花が日中も咲き続けます。ピンクと白のグラデーションが美しく、観賞用に輸入されたものが野生化しました。

花言葉	自由な心　固く結ばれた愛
花の色	●○
分類	アカバナ科マツヨイグサ属
原産地	北アメリカ
開花期	5～9月

薄紅色のマツヨイグサの仲間

ユウゲショウ
［夕化粧］

名前の由来は、紅を指したようなピンクの花が、夕方に開くことから。ただ、実際には日中も咲いています。花は1.5cmほどと小さめで、中心部の十字形の雌しべが目立ちます。別種のオシロイバナ（P.168）を、「ユウゲショウ」と呼ぶ場合もあります。

花言葉	臆病
別名	アカバナユウゲショウ（赤花夕化粧）
花の色	●○
分類	アカバナ科マツヨイグサ属
原産地	北アメリカ
開花期	5～9月

宵を待つように開花する

オオマツヨイグサ

［大待宵草］

アメリカ原産のマツヨイグサの仲間で、夕方にレモン色の花が開き、翌朝しぼみます。「宵を待つ」ことからついた名前です。明治初期に渡来したオオマツヨイグサは、直径10cm前後と花が大きく、野生化して各地に群生したため、「ツキミソウ」として多くの文学作品に登場します。近縁の「マツヨイグサ」は、花がしぼむと赤くなります。現在は2種とも減少し、より繁殖力の強い「メマツヨイグサ」などに置き換わられています。

まてどくらせどこぬひとを
宵《よい》待《まち》草《ぐさ》のやるせなさ
こよひは月もでぬさうな。

——竹久夢二「宵待草」

花言葉	ほのかな恋　移り気　静かな恋
別名	ツキミソウ（月見草）、ヨイマチグサ（宵待草）
花の色	●
分類	アカバナ科マツヨイグサ属
原産地	北アメリカ
開花期	5〜11月

三七七八米《メートル》の富士の山と、立派に相対峙《あいたいじ》し、みぢんもゆるがず、
なんと言ふのか、金剛力草《こんごうりきそう》とでも言ひたいくらゐ、
けなげにすつくと立つていたあの月見草は、よかつた。
富士には、月見草がよく似合ふ。

——太宰 治「富嶽百景」

本来の白い「ツキミソウ」

「ツキミソウ」は本来、夏の夕方に花開く、メキシコ原産の白い花を指しました。江戸末期に渡来した花ですが、繁殖力が弱く、日本では野生化することなく姿を消してしまいました。

富士山とツキミソウ

太宰治の小説『富嶽百景』の舞台になった山梨県・御坂《みさか》峠は、本来のツキミソウの生育環境としては厳しいといいます。また、「黄金色の月見草」という言及もあり、太宰のいうツキミソウは、オオマツヨイグサと考えられています。

時期や土壌に応じて色を変える

アジサイ

［紫陽花］

梅雨空の下で咲く日本原産の花木です。4枚の花びらのように見えるのは、がくが変化したもの。がくの中央に小さな花があり、「装飾花《そうしょくか》」と呼ばれます。装飾花が丸くボールのように集まって咲くのが、「手まり咲き」の品種です。また、真ん中に集まって咲く小さな花を、装飾花が額縁のように囲むアジサイを「ガクアジサイ」と呼びます。手まり咲きのアジサイは、日本に自生していたガクアジサイから作られた園芸品種です。

こころをばなににたとへん
こころはあぢさゐの花
ももいろに咲く日はあれど
うすむらさきの思ひ出ばかりはせんなくて。

——萩原朔太郎「こころ」

花言葉	移り気　冷酷　辛抱強さ
別名	シチヘンゲ（七変化）、ヨヒラ（四片）
花の色	● ◐ ● ● ○
分類	ユキノシタ科アジサイ属
原産地	日本
開花期	5～7月

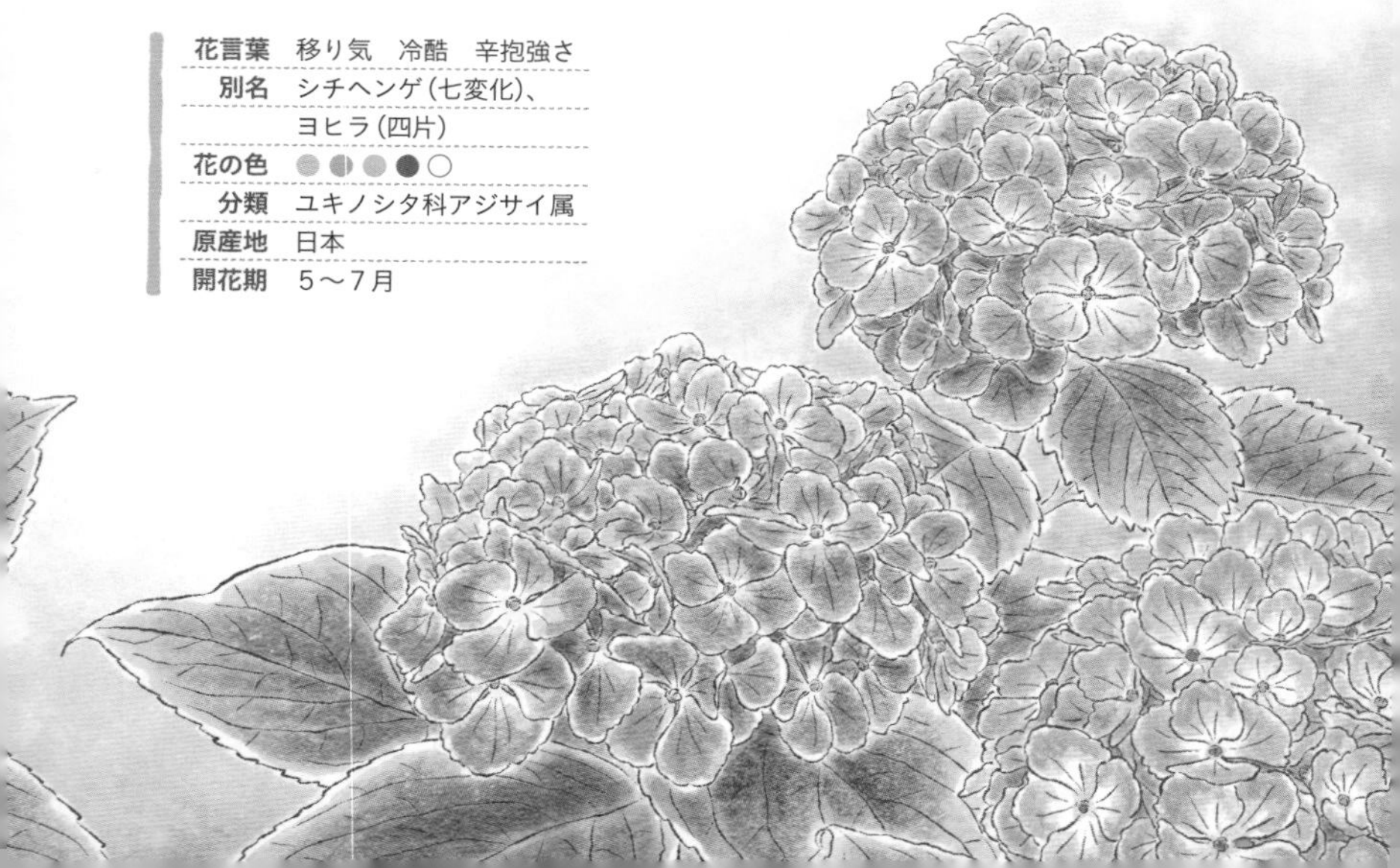

思いきり
愛されたくて
駆けてゆく
六月、サンダル、
あじさいの花

――俵万智「サラダ記念日」

シーボルトが愛したアジサイ

ドイツ人医師のシーボルトは、「お滝さん」と呼んで愛した日本人の妻から名前をとり、アジサイを「オタクサ」として国に持ち帰りました。ヨーロッパで品種改良されたアジサイは、大正時代に日本に逆輸入され、「セイヨウアジサイ」と呼ばれています。

色が変わる「七変化」の花

アジサイの花は、育つ土壌の酸性度によって色が変わります。酸性土壌では青、中性～アルカリ性土壌ではピンク色が強くなります。ただし、白色のアジサイは別種なので色は変わりません。

紫陽花や
白よりいでし浅みどり

――渡辺水巴《すいは》

甘く濃厚な香りで周囲を満たす

クチナシ
［梔子］

梅雨どきの庭や公園で、純白の六弁花を開き、濃厚な香りを漂わせます。秋には朱色の果実が実ります。果実は黄色の染料となり、山吹色の布や栗の甘露煮など、染物や食品に使われます。果実が熟しても割れない、つまり口を開かないことから、「クチナシ」という名前がつけられました。ただし、八重咲きの品種は実をつけません。

薄《うす》月《づき》夜《よ》花くちなしの匂ひけり
——正岡子規

注「薄月」とは、薄雲の向こうからほのかに照る月のこと。

山吹の花《はな》色衣《いろごろも》ぬしやたれ
問へど答へずくちなしにして
——素性《そせい》「古今和歌集」

「山吹の花のような黄色の衣に、持ち主は誰かと聞いても答えない。それはクチナシ（口なし）で染めた色だからなのでしょう。」

花言葉	優雅　とても幸せ
別名	サンシシ（山梔子）
花の色	○
分類	アカネ科クチナシ属
原産地	日本
開花期	6～7月

愛されて多品種を極める

ダリア

幾重にも重なった花弁が、豪華で見ごたえのある花です。デコラティブ咲き（八重咲き）、花弁がボールのように丸く集まったポンポン咲き、一重咲きなど、咲き方はさまざま。花の大きさも、直径5cm前後の小輪から、20cm以上の大輪まで多様です。江戸時代にオランダ経由で来日し、丈夫で開花期も長いため、やがて庭先を飾る花として定着しました。

君と見て一期《いちご》の別れする時も
ダリヤは紅《あか》しダリヤは紅し

——北原白秋「桐の花」

「君と見つめ合って
最後の別れをするこのときも、
ダリアは赤く咲いている。
ああ、ダリアは赤い。」

花言葉「移り気」の由来

バラを愛したことで知られる、ナポレオン一世の妻・ジョセフィーヌ。ダリアの花も大好きで、庭に咲かせていたそう。けれども、別の女性が自分の庭でもダリアを咲かせたと聞いた途端、ダリアから興味を失ったといいます。

花言葉	華麗　優雅　気品　移り気
別名	テンジクボタン（天竺牡丹）
花の色	●○●●●
分類	キク科ダリア属
原産地	メキシコ
開花期	6〜10月

干ばつのときの救荒《きゅうこう》植物

スベリヒユ［滑莧］

全体が多肉質で乾燥に強く、道端などで地面を這って広がる野草です。日が当たると黄色い花を開きます。畑では雑草として嫌われますが、やわらかい若葉や茎先は、茹でて食べられます。多肉質の葉を踏むと、ネバネバした物質が出てきて滑ってしまうことが、名前の由来です。

花言葉	いつも元気　無邪気
別名	ヒョウナ（莧菜）、ウマビユ（馬莧）
花の色	●
分類	スベリヒユ科スベリヒユ属
原産地	アメリカ
開花期	7～9月

暑さに負けず真夏の花壇を彩る

ハナスベリヒユ［花滑莧］

花はマツバボタンに、葉はスベリヒユに似ています。丸く多肉質な葉が特徴。暑さや乾燥に強く、夏の間中、色鮮やかな花を咲かせながら地表を覆うように育ちます。太陽の光を好み、天気の悪い日や日当たりの悪い場所では花が咲きません。

花言葉	いつも元気　無邪気
別名	ポーチュラカ
花の色	○ ● ● ● ●
分類	スベリヒユ科スベリヒユ属
原産地	南アメリカ
開花期	5～9月

乾燥に強い多肉質の葉を持つ

マツバボタン［松葉牡丹］

熱帯原産で暑さに強く、真夏の太陽の下、カラフルな花を次々と咲かせます。松葉のような葉は、細いですが多肉質。地面を這うように茎が伸び、枝分かれして広がります。花数が多く、夏の間は途切れることなく咲き続けます。

おのづから
松葉牡丹に
道はあり
——高浜虚子

花言葉	無邪気　可憐
花の色	●●●○●
分類	スベリヒユ科スベリヒユ属
原産地	南アメリカ
開花期	7〜9月

晴れると開き、曇ると閉じる

マツバギク［松葉菊］

花はキク(P.218)に、多肉質の葉はマツバボタンにも似ますが、いずれも別種です。乾燥に強く、日当たりのよい場所で栽培されます。細い花びらのように見えるのは、雄しべが変化したもの。花は晴れると開き、曇ると閉じますが、光の量なのか、温度のせいか、理由はよくわかっていません。

花言葉	ゆったりとした気分
別名	サボテンギク（仙人掌菊）
花の色	●●○●●
分類	ハナミズナ科ランプランサス属
原産地	南アフリカ
開花期	5〜6月

濃い紫色の根が染料になる

ムラサキ

［紫草］

日当たりのよい草原に生え、ごく小さな白い五弁花を咲かせる野草です。根は濃い紫色で、昔は「紫根《しこん》」として、布の染料や薬用に使われました。そのため、白い花ですが「ムラサキ」と呼ばれます。最近は自生株が減ってきています。大海人皇子《おおあまのおうじ》の「紫草の…」の歌は、額田王《ぬかたのおおきみ》の「あかねさす…」（P.203参照）の返歌として、初夏の薬狩《くすりがり》（山野に出て薬草を摘んだ古代の行事）の際に詠まれました。

春日野《かすがの》の若紫《わかむらさき》のすり衣
しのぶの乱れ限り知られず

——「伊勢物語」

「春日野に生えるムラサキで染めた衣の、しのぶ摺《ず》りの模様が乱れているように、私の心も忍ぶ恋のせいで限りなく乱れています。」

注 若々しい紫草を指す「若紫」が、若く美しい女性を連想させる。

紫草のにほへる妹《いも》を憎くあらば
人妻ゆゑに我恋ひめやも

——大海人皇子「万葉集」

「ムラサキが匂い立つように美しいあなたを憎いと思うなら、人妻であるのにどうして私が恋い慕いましょうか。」

花言葉	弱さを受け入れる勇気
別名	ムラサキソウ（紫草）
花の色	○
分類	ムラサキ科ムラサキ属
原産地	日本
開花期	6～7月

夕方に開く花は一晩の命

ユウスゲ［夕菅］

高地の草原などに群生し、夕日が沈む頃、ユリに似た淡い黄色の花を開きます。夕暮れの風にそよぐ様子が印象的。翌朝には枯れて、夕方にまた別の花を咲かせます。尾瀬などに咲くニッコウキスゲと同じ仲間。ニッコウキスゲは昼間咲きます。

花言葉	麗しき姿
別名	キスゲ（黄菅）
花の色	●
分類	ワスレグサ科ワスレグサ属
原産地	中国、日本
開花期	７～９月

花をめぐって兄弟が争った

オトギリソウ［弟切草］

日本の山野に自生する黄色い花です。花や葉にある黒い点が特徴。秋に色づく赤い実も、観賞用に人気があります。昔、この植物の優れた薬効をめぐって兄弟で諍《いさか》いが起こり、兄が弟を斬り殺したという逸話から、この名前がつけられました。

花言葉	敵意　迷信
花の色	●
分類	オトギリソウ科オトギリソウ属
原産地	中国、朝鮮半島、日本
開花期	７～８月

ホタルブクロ［蛍袋］

花の中に蛍を入れて楽しんだ

野山や草地に生え、長さ5㎝ほどの釣鐘形の花をつけます。花の内側には、濃い紫色の斑点が入ります。垂れ下がって咲く花の中に、子どもたちがホタルを入れて光らせたことから、名前がついたといわれます。英名は「bell flower」。教会の鐘を思わせる見た目から、「誠実」「正義」という花言葉も生まれます。

草土手の風に吹かれて
幼等《おさなら》とほたるぶくろの花探しきそふ
——若山喜志子《きしこ》

「草の生い茂った土手の風に吹かれながら、幼い子どもたちとホタルブクロの花を探して競っている。」

宵月《よいづき》を
蛍袋の
花で指す
——中村草田男《くさたお》

花言葉	愛らしさ　誠実　正義
別名	チョウチンバナ（提灯花）、ツリガネソウ（釣鐘草）
花の色	◐○
分類	キキョウ科ホタルブクロ属
原産地	日本を含む東アジア
開花期	6～8月

物思うようにうつむいて咲く

ナンバンギセル

［南蛮煙管］

ススキなど、イネ科の植物の根に寄生する一年草。秋に花茎《かけい》を伸ばして、赤紫色のつぼ形の花を横向きにつけます。花と茎の形が、オランダ人が持ち込んだ「煙管《きせる》」に似ることから、この名前がつきました。花がうつむいて咲く様子を、物思いに沈む人の姿に見立てて、「オモイグサ（思草）」の名もあります。

ススキの根元で頼りなげに咲く

ナンバンギセルは緑の葉を持たず、全ての栄養を宿主に頼る「全寄生植物」。寄生根を寄主《きしゅ》（宿主となる植物）の中で伸ばし、水や栄養をうばいます。花の後に種を飛ばし、寄主の根元で冬を越し、翌年また芽吹きます。

道の辺《へ》の尾花《おばな》が下の思ひ草
今さらさらに何か思はむ

——よみ人知らず「万葉集」

「道端のススキの陰に生える思い草のように、今さら何を思い迷ったりしましょう。いえ、何も思い迷うものはありません。」

花言葉	物思い
別名	オモイグサ（思草）
花の色	●○
分類	ハマウツボ科 ナンバンギセル属
原産地	日本を含む東アジア
開花期	8～10月

日中咲き続け夕方にしぼむ

ヒルガオ

［昼顔］

周囲につるを絡みつかせて伸び、線路沿いや空き地などに群生しています。薄いピンク色の花は5㎝ほどの大きさで、同じ仲間のアサガオ(P.156)よりもひと回り小さく、朝開いて日中も咲き続け、夕方にしぼみます。近縁のハマヒルガオは、海岸の砂地に生え、ハート形の厚みのある葉が特徴。花がさらに小さなコヒルガオという種もあります。

ヒルガオとアサガオ

園芸品種として栽培されたアサガオにくらべ、古来、ヒルガオは野に咲く花として愛されてきました。ヒルガオやアサガオは、いずれも「貌花《かおばな》」として和歌に登場します。

花言葉	絆　情事
別名	コシカ（鼓子花）、カオバナ（貌花）
花の色	●
分類	ヒルガオ科 セイヨウヒルガオ属
原産地	中国、朝鮮半島、日本
開花期	7～8月

昼顔や
レールさびたる
旧線路

――寺田寅彦

めづらしく妻をいとしく子をいとしく
おもはるる日の昼顔の花

――若山牧水「白梅集」

染料をとるために花を摘んだ

ベニバナ ［紅花］

ベニバナの歴史は古く、シルクロードを経て、飛鳥時代に日本に渡来しました。アザミに似た姿で、明るいオレンジ色の小さな花が集まり、大きな頭花《とうか》をつくります。昔は、花びらから紅色の染料をとるために栽培されました。茎の末《すえ》につく花を摘んだことから、「スエツムハナ（末摘花）」の別名があります。『源氏物語』では、「末摘花」と呼ばれる、鼻先が赤くとがっている姫が、光源氏への純粋な愛を貫き、思いを届かせます。

外《よそ》のみに見つつ恋ひなむ
くれなゐの末摘花の色に出《い》でずとも

——よみ人知らず「万葉集」

「遠くから見つめるだけでも恋し続けていよう。
赤い末摘花（ベニバナ）のように、恋心を表さないとしても。」

花言葉	特別な人　愛する力　化粧
別名	スエツムハナ（末摘花）、クレノアイ（呉藍）、サフラワー
花の色	●●
分類	キク科ベニバナ属
原産地	エジプト
開花期	7月

湿った場所に群生して咲く

ドクダミ［蕺］

湿り気のある半日陰を好み、地下茎で増えて、建物の陰などに群生しています。葉や茎に独特の強い匂いがあります。4枚の花びらに見える部分は、葉が変化した「総苞《そうほう》」で、中心に黄色い花穂《かすい》がつきます。十字形の白い花を咲かせ、薬草であることから、「ジュウヤク（十薬）」という別名もあります。

民間薬として重宝される

10以上の薬効があるとして「十薬」と名づけられたともいいます。葉をもむと、青臭いような独特の匂いが出ます。乾燥させて匂いを飛ばし、デトックス効果のある薬草茶にも用います。

どくだみの花のにほひを思ふとき
青みて迫る君がまなざし
——北原白秋「桐の花」

「ドクダミの花の匂いを思うとき、青みを帯びて迫ってくる君の眼差しを思い出す。」

注 白秋は当時、人妻に恋をしていた。独特な香りを放つドクダミの花のイメージが、禁断の恋と重なる。

花言葉	白い追憶　野生
別名	ジュウヤク（十薬）
花の色	○
分類	ドクダミ科ドクダミ属
原産地	日本を含む東アジア
開花期	6～7月

どくだみや
真昼の闇に
白十字
——川端茅舎《ぼうしゃ》

茎を這わせて地面を覆う

ヒメツルソバ
［姫蔓蕎麦］

直径1㎝ほどのピンクの金平糖のような花は、小花が集まったもの。茎を地面に這うように伸ばし、土に接した部分から根を生やして広がります。ヒマラヤ原産で、園芸用に持ち込まれましたが、日本で半野生化しています。葉にはV形で褐色の斑《はん》が入り、秋には紅葉します。

花言葉	愛らしさ　気がきく
別名	ポリゴナム
花の色	
分類	タデ科イヌタデ属
原産地	ヒマラヤ地域
開花期	４～11月（真夏は少なくなる）

おままごと遊びの赤飯にする

イヌタデ
［犬蓼］

道端や草地でよく見る、紅色の花穂《かすい》が特徴の野草です。食用になるタデもある一方、本種は食べられない（役に立たない）ため、「イヌタデ」と名づけられました。別名「赤まんま」は、ままごと遊びをするときに、花穂を赤飯に見立てたためです。

花《はな》蓼《たで》の撩乱《りょうらん》として暮れんとす
——佐藤春夫

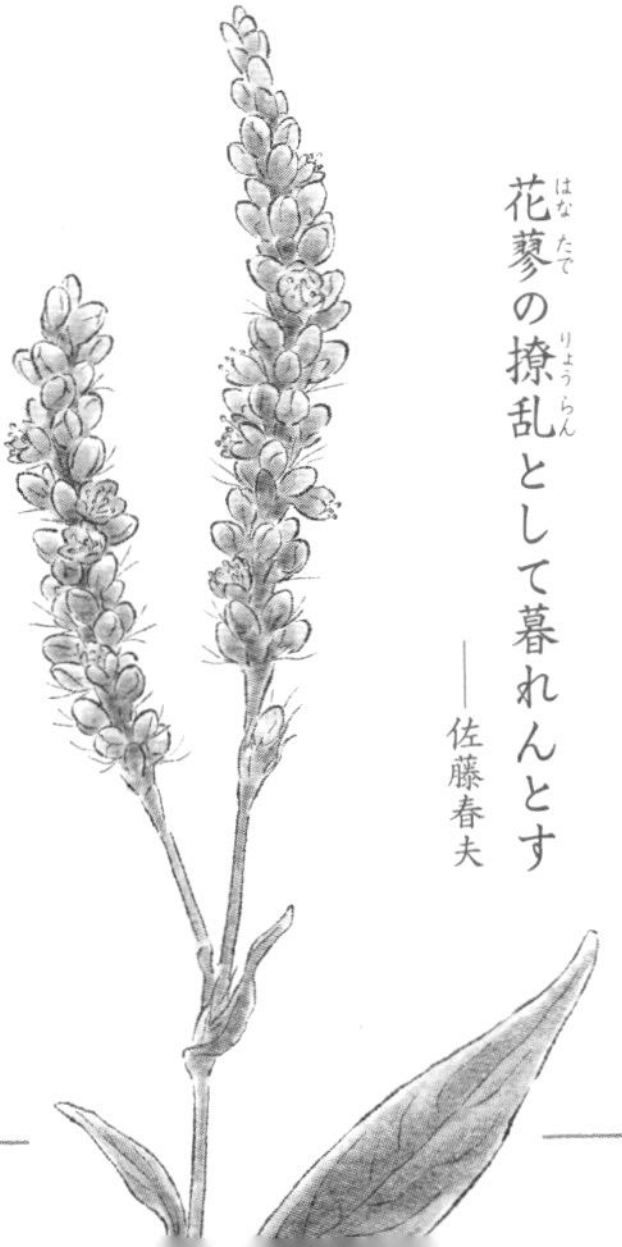

花言葉	あなたのお役に立ちたい
別名	アカマンマ（赤まんま）
花の色	
分類	タデ科イヌタデ属
原産地	日本
開花期	６～11月

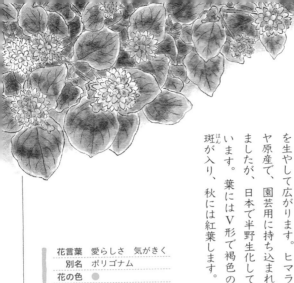

「ほおずき市」は夏の風物詩

ホオズキ

［鬼灯・酸漿］

赤い提灯がぶら下がったような姿が、古くから愛されてきました。提灯のように見えるのは、袋状のがく。ホオズキは5〜6月頃、薄い黄色の花を咲かせた後、果実と共にがくも大きく成長し、果実を包み込みます。袋は最初緑色で、8月頃から赤く色づきます。

鬼灯は実も葉もからも紅葉《もみじ》かな

——松尾芭蕉

ホオズキで夏に備える

毎年7月、東京・浅草寺《せんそうじ》では、江戸時代からの伝統として「ほおずき市」が立ちます。ホオズキは、平安時代の頃から薬用とされ、咳や発熱に効果があるとされました。かつて参拝客はホオズキを買い求め、夏の病に備えたのです。

安宿の廊下の汚い欄干《らんかん》によりかかり、富士を見ると、甲府の富士は、山々のうしろから、三分の一ほど顔を出してゐる。酸漿《ほおずき》に似てゐた。

——太宰治「富嶽百景」

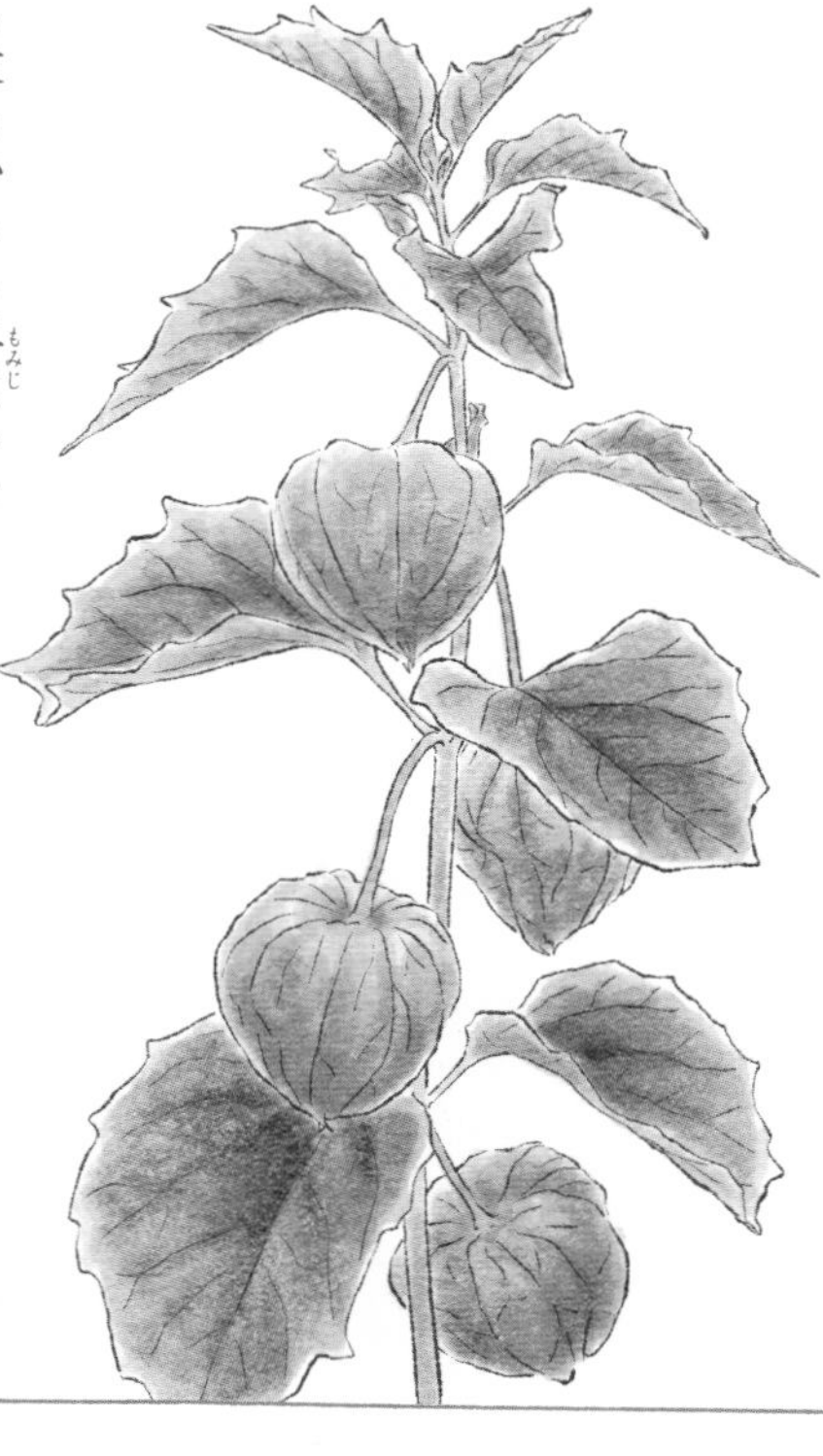

花言葉	偽り　ごまかし　自然美
別名	カガチ（輝血）
花の色	◯
分類	ナス科ホオズキ属
原産地	東南アジア
開花期	6〜7月 ＊結実期は8〜9月

花言葉	悠々自適
花の色	●
分類	ウリ科ヘチマ属
原産地	東南アジア
開花期	8〜9月

＊結実期は9〜10月

茎から「へちま水」がとれる

ヘチマ［糸瓜］

夏に黄色の五弁花を開き、初秋頃、円筒状の大きな果実をつけます。茎からとる「へちま水」は、咳止めや痰を除く薬としても利用できます。結核で臥していた正岡子規の家の庭にも、去痰剤に利用するために植えられていました。子規絶筆の3句にもヘチマが詠み込まれ、命日は「糸瓜忌《へちまき》」とも呼ばれます。

糸瓜咲いて痰《たん》のつまりし仏かな

——正岡子規

「釣り忍」として涼感をそえる

トキワシノブ［常磐忍］

根茎を長く這わせ、樹木や岩に着生するシダ植物です。乾燥に強く、水がなくても「耐え忍ぶ」ことから、名前がつきました。軒先に吊るして涼を呼ぶ「釣り忍」は、竹や針金の芯に、シノブの根茎を巻きつけたものです。日本原産のシノブは秋に落葉しますが、トキワシノブは常緑です。

分類	シノブ科シノブ属
原産地	中国
開花期	花は咲かない

古来愛される可憐な星形の花

キキョウ［桔梗］

ふくらんだつぼみが紙風船のように割れ、星の形に似た五弁花を1～数輪開きます。秋の七草の一つに数えられ、万葉の時代から愛されてきました。野生では山地の草原などに見られますが、国内では生育場所が減り、絶滅危惧種になっています。

かたまりて咲きて桔梗の淋しさよ
——久保田万太郎

朝顔は朝露負ひて咲くといへど
夕影にこそ咲きまさりけれ
——よみ人知らず「万葉集」

「朝顔（キキョウ）は、朝露に濡れて咲くというけれど、夕方の光の中ではもっと美しく咲くのだなあ。」

秋に咲く「アサガオ」

『万葉集』に詠まれる秋の七草の一つ「朝顔の花」は、キキョウと考えられています。奈良時代に現在のアサガオが輸入され、区別して「キキョウ」と呼ばれるようになったそう。

花言葉	誠実　永遠の愛
別名	キチコウ（桔梗）、アサガオ（朝顔）
花の色	◐ ○ ●
分類	キキョウ科キキョウ属
原産地	中国、朝鮮半島、日本
開花期	6～9月

朝露が乾かないうちにしぼむ儚さ

ツユクサ

［露草］

瑠璃色の花びらが、夏草の中ではっと目を引く、小さな野の花です。朝露に濡れて咲くため、「ツユクサ」と呼ばれます。古くは、花で衣を染めるとよく色がつくので「着草《つきくさ》」、転じて「月草」と表記しました。古来、昼にはしぼむ儚さや、染めた衣の色のうつろいやすさを歌に詠まれました。草自体の生命力は強く、翌朝には新しい花を咲かせます。

露草のかそけき花に寄りてゆく
心の行方ひとり喜ぶ

――窪田空穂《うつぼ》「冬日ざし」

「ツユクサという
頼りなく消え入りそうな
花の美しさに
惹かれていく心の行方、
その心持ちを
ひとり祝福する。」

朝《あした》咲き夕《ゆうべ》は消《け》ぬる月草《つきくさ》の
消《け》ぬべき恋も吾《あれ》はするかも

――よみ人知らず「万葉集」

「朝咲いて夕方にはしぼんでしまう
月草（ツユクサ）のような、
今にも消え入りそうな恋を
私はしているのだなあ。」

花言葉	懐かしい関係　恋の心変わり
別名	ツキクサ（月草）、ホタルグサ（蛍草）、アイバナ（藍花）
花の色	●○
分類	ツユクサ科ツユクサ属
原産地	日本を含む東アジア
開花期	６～９月

ふわふわの実が木綿の原料に

ワタ［綿］

夏に咲くハイビスカス(P.147)やフヨウ(P.170)の仲間で、クリーム色で中心が赤い花を咲かせます。花後、丸い果実がなり、熟すとはじけて白いふわふわの毛が現れます。この毛を摘み取り、木綿の原料にします。「綿花《めんか》」とも呼ばれますが、花ではなく実の一部。ふわふわの毛の様子から、「私を包んで」という花言葉が生まれました。

生活と切り離せない花

ワタの歴史は非常に古く、インドやエジプトなどで、紀元前から栽培が行われていました。日本で本格的に綿花栽培が始まったのは江戸時代から。以降、庶民の衣服用に定着しました。

名月の
花かと見えて
綿畠《わたばたけ》
——松尾芭蕉

花言葉	優秀　私を包んで
別名	コットンツリー
花の色	○
分類	アオイ科ワタ属
原産地	アジア、熱帯アメリカ
開花期	7～9月

南国を代表する華やかな花

ハイビスカス

夏の強い日ざしを浴びて、大型の鮮やかな花を開きます。花の中心で、筒状の雄しべが雌しべを囲み、ブラシのような形になります。ハワイの州花で、園芸品種はハワイアン系がほとんど。別名「ブッソウゲ（仏桑花）」は、花の漢名「扶桑《ふそう》（仏桑）」に由来します。

花言葉	繊細な美　新しい恋
別名	ブッソウゲ（仏桑花）
花の色	
分類	アオイ科フヨウ属
原産地	不明
開花期	5～10月

丈夫で長期間咲き続ける熱帯の花

ブーゲンビレア

カラフルな花びらのように見える部分は、葉が変化した「苞《ほう》」で、中心部に白い筒状の小花をつけます。18世紀、南米に派遣されたフランスの探査隊に発見され、花の名前は探検家・ブーガンヴィルにちなみます。観賞用として、熱帯地方で広く栽培されています。

花言葉	情熱　あなたしか見えない
別名	ブーゲンビリア、イカダカズラ（筏葛）
花の色	
分類	オシロイバナ科ブーゲンビレア属
原産地	熱帯アメリカ
開花期	6～10月

北の浜辺に群生する野生のバラ

ハマナス［浜茄子］

北国の海岸の砂地に自生して群落をつくる、バラ科の美しい花。秋に実をつけるため、「浜梨《はまなし》」と呼ばれていたのが訛って、「ハマナス」になったといいます。花には甘い香りがあり、枝には細かいとげが密に生えます。朱色の実は酸味がありますが、食べられます。ビタミンCを豊富に含み、健康茶「ローズヒップティー」にも利用されています。

花言葉	見栄えのよさ　香り豊か 悲しくそして美しく
別名	ハマナシ（浜梨）
花の色	●○
分類	バラ科バラ属
原産地	日本を含む東アジア
開花期	6〜8月

潮《しお》かをる北の浜辺の
砂山のかの浜薔薇《はまなす》よ
今年も咲けるや
——石川啄木「一握の砂」

玫瑰《はまなす》や今も沖には未来あり
——中村草田男《くさたお》

根も有効利用される

ハマナスの根には、ポリフェノールの一種・タンニンが含まれ、草木染めにも使われます。秋田県では、渋みのある黄色や鳶《とび》色が特徴の絹織物「秋田八丈」の染料に利用されています。

細く裂いた布のような花びら

ハマユウ

［浜木綿］

暖地の海岸の砂地に生え、太い茎の先に、白く細長い花びらを持つ花を十数個、傘状につけます。花は夕方に咲き始め、夜中に満開になると、強い芳香を漂わせます。常緑の分厚い葉が、観葉植物のオモトに似ることから、「ハマオモト（浜万年青）」の名前も。球形の種子は水に浮き、海流に乗って漂い、分布を広げます。花言葉は「どこか遠くへ」。

神事に使う「幣《ぬさ》」に似る

「木綿《ゆう》」とは本来、和紙の主原料であるコウゾの樹皮からとれた繊維で、サカキの枝に垂らし、祭祀用具の幣とします。花びらがこの幣に似ていることから、「ハマユウ」と名がついたそう。

花言葉	どこか遠くへ　汚れのない
別名	ハマオモト（浜万年青）、ハマバショウ（浜芭蕉）
花の色	○
分類	ヒガンバナ科ハマオモト属
原産地	中国、日本、東南アジア
開花期	7～9月

み熊野の浦の浜木綿
百重《ももえ》なす心は思へど
直《ただ》に逢はぬかも

——柿本人麻呂「万葉集」

「熊野の浜辺の浜木綿の、幾重にも重なり合った葉のように、心では繰り返しあなたを想っているけれども、直接に逢うことはできないでいるよ。」

夏

香りのよい春の七草の一つ

セリ［芹］

春の七草の第一に数えられる野草で、各地の水田や川辺で見かけます。早春に摘む若菜は香り高く、古くから芹摘みとして親しまれてきました。根も食用になり、その色が白いことから、「ネゼリ（根芹）」「ネジログサ（根白草）」の名前もあります。夏には、白いレースのような小花を密集して咲かせます。

叶わぬ恋を表す「芹摘む」

昔、庭掃除の男が、セリを食べる姫君を垣間見て叶わぬ恋に落ち、毎日セリを摘んで届け続けたという逸話があります。そのため平安時代以後、「芹摘む」は、叶わぬ恋心を表す言葉として、歌に詠み込まれるようになりました。

せせらぎつつ
揺れつつ
芹の生《お》ひにけり

——松本たかし

あかねさす昼は田賜《た》びて
ぬばたまの夜の暇《いとま》に摘める芹《せり》これ

——葛城王《かつらぎのおおきみ》「万葉集」

「昼は田を与える仕事をしていたので、夜になってから勤務の合間に摘んだのだよ。このセリの束は。」

注 「あかねさす」は「昼」、「ぬばたまの」は「夜」にかかる枕詞。「田賜びて」は、昼は天皇からの命で、農民に田を与える仕事をしていたということ。

花言葉	清廉で高潔
別名	ネゼリ（根芹）、ネジログサ（根白草）
花の色	○
分類	セリ科セリ属
原産地	中国、朝鮮半島、日本
開花期	7～8月

花が咲く頃に葉の半分が白くなる

ハンゲショウ

［半夏生・半化粧］

水辺や湿地で見かける野草。名前の由来は、夏至から11日目の半夏生《はんげしょう》の頃(7月頭)に、葉の半分が白くなるため。「半化粧」とも表記します。同じ頃、先端の垂れた白い花穂をつけます。白く目立つ葉が、虫を誘います。

花言葉	内に秘めた情熱　内気
別名	カタシログサ(片白草)
花の色	○
分類	ドクダミ科ハンゲショウ属
原産地	中国、朝鮮半島、日本
開花期	6～8月

白鷺が羽を広げた姿に似る

サギソウ

［鷺草］

白鷺が羽ばたくような花の形が印象的な、日本のランの仲間です。日当たりのよい湿地に自生しますが、観賞用に乱獲されたことなどから、現在では準絶滅危惧種に。兵庫県姫路市では、姫路城(白鷺城)にちなみ、市花とされています。

風が吹き
鷺草の皆
飛ぶが如《ごと》
――高浜虚子

花言葉	神秘　無垢
花の色	○
分類	ラン科ミズトンボ属
原産地	中国、日本
開花期	7～8月

雪解けを待って咲く白い花

ミズバショウ［水芭蕉］

『夏の思い出』の歌にも歌われるように、尾瀬ヶ原に咲く花が有名ですが、中部地方～北海道の、各地の湿原に群生地があります。北国では雪解けを待って、清楚で真っ白な花を咲かせるため、「白い妖精」とも呼ばれます。中心に、小さな花が集まった棒状の花穂《かすい》が立ち、大きな花びらのように見えるものは、葉が変化した「苞《ほう》」。このように大きな苞は、仏像の炎の形をした光背《こうはい》に似るため、「仏炎《ぶつえん》苞《ほう》」とも呼ばれます。

花後、葉が大きく生長する

花が終わると仏炎苞も枯れ、葉がすくすく伸びて1m前後に育ちます。巨大な葉がバショウ（P.90）の葉を連想させるので、この名前がつきました。

花言葉	美しい思い出
別名	ベコノシタ（牛の舌）
花の色	○
分類	サトイモ科ミズバショウ属
原産地	東北アジア
開花期	5～7月

花と影
ひとつに霧の
水芭蕉
——水原秋櫻子《しゅうおうし》

睡蓮や
鯉《こい》の分けゆく
花二つ
——松本たかし

世界で愛される水に浮かぶ花

スイレン［睡蓮］

水底に根を張り、水中に茎を伸ばして、花や葉を水面に浮かせます。葉は円形で、1カ所に切れ込みが入ります。日本原産の「ヒツジグサ(未草)」は、直径5㎝前後の白い花。未《ひつじ》の刻(午後2時頃)に花を咲かせるといいますが、実際には昼前に咲き、夕方頃に閉じます。花は3日ほど開閉を繰り返したのち、徐々に水中に沈み、実をつけます。

花言葉	純真　清浄
花の色	○ ● ● ● 複色
分類	スイレン科スイレン属
原産地	温帯・熱帯地域
開花期	6～9月

クロード・モネが庭に植える

池で栽培される花の多くは、北米原産の「温帯スイレン」です。フランスの画家・モネも、その優しい色合いの花を愛し、自宅の庭にスイレンの池を造成。晩年まで花を題材に絵を描き、200点以上の作品を残しました。

泥の中から生えて清らかに咲く

ハス［蓮］

池や沼に育つ水生植物です。花の中央で種を抱く「花床《かしょう》」がハチの巣に似るので、「ハチス」と呼ばれ、転じて「ハス」になったといいます。ハスの地下茎はレンコン。泥の中に育つため、空気を通わせる穴が開いています。同じく、花茎《かけい》や葉柄《ようへい》にも穴があります。

仏教では、「蓮は泥より出でて泥に染まらず」といわれ、純粋なものとされるため、寺院の池などでも栽培されています。

はちす葉《ば》のにごりに染《し》まぬ心もて
なにかは露を玉とあざむく

——遍昭《へんじょう》「古今和歌集」

「ハスの葉は、泥の水の中にありながら
濁りに染まらない心をもつのに、
いったいどうして葉の上に置く露を、
宝玉と見せかけて人をあざむくのか。」

蓮の香や
水をはなるる茎二寸

——与謝蕪村

注「一寸」は約3㎝。

ある日の事でございます。御釈迦《おしゃか》様は極楽の蓮池のふちを、
独りでぶらぶら御歩きになっていらっしゃいました。
池の中に咲いている蓮の花は、みんな玉のようにまっ白で、
そのまん中にある金色の蕊《ずい》からは、何とも云《い》えない好《よ》い匂《におい》が、
絶間《たえま》なくあたりへ溢《あふ》れて居ります。

——芥川龍之介「蜘蛛《くも》の糸」

高潔な人と重ね合わせられる

ハスの花は古来、清廉潔白の象徴。法華経には、「世間の法に染まらざること、蓮花《れんげ》の水に在《あ》るがごとし（美しいハスの花が泥水から生えるように、人間も汚れた俗世に染まらずに生きていくことができる）」とあります。

現代に花を咲かせた古代ハス

1951年、千葉県の遺跡から、約2千年前のハスの種が発掘されました。まかれた種は、翌年発芽に成功。芽を出す力は失われていなかったのです。花は「大賀《おおが》ハス」と呼ばれ、現在は日本各地で花を咲かせています。

花言葉	清らかな心　離れゆく愛
別名	ハチス、イケミグサ（池見草）、フヨウ（芙蓉）
花の色	●○
分類	ハス科ハス属
原産地	インド
開花期	7～8月

夏の朝を彩る風物詩

アサガオ［朝顔］

早朝に花を開き、昼にはしぼんでしまうことから、「朝顔」の名で呼ばれます。日没の約10時間後に開花する性質があるため、秋が近づくと開花時間が早まります。江戸時代には花びらを変わった形につくる「変化朝顔」、明治時代には花を大きくつくる「大輪朝顔」のブームが起きました。毎年7月頭に催される、東京・入谷《いりや》の「朝顔まつり」では、鉢植えの朝顔がずらりと並びます。

乾燥させた種が薬用になる

アサガオは薬草として、奈良時代に中国から渡来しました。種からつくる生薬「牽牛子《けんごし》」は、下剤として強い効果を発揮します。牛と取り引きされるほど、高価な薬だったといわれます。

朝がほや
一輪深き
淵《ふち》の色
——与謝蕪村

朝顔を何はかなしと思ひけむ
人をも花はさこそ見るらめ

——藤原道信《みちのぶ》「拾遺和歌集」

「どういうことで朝顔を儚いものと思っていたのだろうか。
人こそ儚い、朝顔はそう思って見ているだろう。」

朝《あさ》貌《がお》に
涼しくくふや
ひとり飯

——小林一茶

朝顔に
釣《つる》瓶《べ》とられてもらひ水

——加賀千代女《かがのちよじょ》

花言葉	儚い恋　愛情　固い絆
別名	ケンギュウカ（牽牛花）
花の色	●●●●○ 絞り
分類	ヒルガオ科サツマイモ属
原産地	中国
開花期	7〜9月

日本女性を象徴する優美な花

ナデシコ

［撫子］

子どものようになでたいくらい愛らしい花なので、「ナデシコ」と名づけられたそう。日本原産の「カワラナデシコ（河原撫子）」は、秋の七草にも数えられる野草。ピンク色の花びらは、縁が細かく切れ込みます。日本女性の美称「大和撫子」も、この花の繊細な美しさに由来します。また、ナデシコ科の花の英名は「pink（ピンク）」。「ピンク色」の語源になったとされています。

石竹《なでしこ》のその花にもが
朝《あさ》な朝《さ》な手に取り持ちて恋《こ》ひぬ日無《な》けむ

——大伴家持「万葉集」

「あなたがナデシコの花であったならなあ。朝が来るたびに、手に取り愛でない日はないだろうに。」

花言葉	純粋な愛　貞節　大胆
別名	カワラナデシコ（河原撫子）、ヤマトナデシコ（大和撫子）、トコナツ（常夏）
花の色	●○
分類	ナデシコ科ナデシコ属
原産地	日本
開花期	7～10月

中国から渡来した「唐撫子《から》」

セキチク［石竹］

ナデシコと同じ仲間で、中国原産の花です。園芸品種も多く、同じナデシコ科のカーネーション（P.63）は、セキチクを品種改良してつくられました。日本では、元からあるナデシコと区別して、「カラナデシコ（唐撫子）」とも呼ばれます。花色はピンクのほか、赤や白があり、ナデシコにくらべ、花びらの切れ込みが浅めです。

草の花はなでしこ。
唐《から》のはさらなり、
やまとのもいとめでたし。
——清少納言「枕草子」

「草の花はナデシコがいい。
カラナデシコは言うまでもない。
日本のナデシコも、とてもすばらしい。」

世界に広がるダイアンサス

ナデシコ科ナデシコ属の仲間は北半球を中心に300種ほどが分布し、カーネーション以外を「ダイアンサス」と総称します。いずれも、優しく可憐な草姿が特徴です。

花言葉	純粋な愛　貞節　大胆
別名	カラナデシコ（唐撫子）
花の色	●●○
分類	ナデシコ科ナデシコ属
原産地	中国
開花期	5〜7月

憂いを忘れる「忘れ草」

カンゾウ［萱草］

夏の野で、オレンジ色のユリに似た花を咲かせます。ノカンゾウは一重、ヤブカンゾウは八重咲きです。ヤブカンゾウは昔、「見る人に憂いを忘れさせる草」といわれ、別名は「忘れ草」。『土佐日記』では、亡くなった子どもに思いをつのらせる母の詠んだ歌として登場します。

花言葉	悲しみを忘れる　愛の忘却
別名	ワスレグサ（忘れ草）、 コイワスレグサ（恋忘れ草）、 ノカンゾウ（野萱草）、 ヤブカンゾウ（藪萱草）
花の色	●
分類	ワスレグサ科ワスレグサ属
原産地	日本を含む東アジア
開花期	7〜8月

それとなく
紅《あか》き花みな
友にゆづり
そむきて泣きて
忘れ草つむ

——山川登美子「恋衣《こいごろも》」

「赤い恋の花はすべて、
そっと友に譲り、
私は背を向けて泣きながら
忘れ草を摘んでいる。」

住江《すみのえ》に船さし寄せよ
忘れ草しるしありやと摘みて行《ゆ》くべく

——紀貫之「土佐日記」

「住吉《すみよし》の岸に船を寄せておくれ。
あの子を忘れる効き目のあるという、
忘れ草を摘んで行きたいから。」

注　住吉（住江）は、現在の大阪市住吉区周辺。

葉が重なり合い扇のように広がる

ヒオウギ［檜扇］

山地に自生し、赤い斑点があるオレンジ色の花びらを放射状に開きます。葉が重なり合って扇状に広がる様子を、薄いヒノキの板でできた「檜扇」に見立てたことから名前がつきました。力強い姿が愛され、観賞用に栽培もされています。花は朝咲いて夕方にはしぼみますが、閉じた花びらは強くねじれ、絞った雑巾のような独特の姿になります。

いとせめて恋しきときは
むばたまの夜の衣を返してぞ着る

――小野小町「古今和歌集」

「切実に恋しい思いがつのるときには、その人と夢で会えるように、夜の着物を裏返して着て寝るのです。」

光沢のある種子「ヌバタマ」

古来、ヒオウギの黒い種子は、ヌバタマ（P.223参照）と呼ばれます。「ぬばたま（むばたま）の」は、「黒」「黒髪」「夜」「月」「夢」を形容する枕詞として、和歌に詠み込まれてきました。

花言葉	誠意　個性美
別名	カラスオウギ（烏扇）
花の色	●●
分類	アヤメ科ヒオウギ属
原産地	中国、インド、朝鮮半島、日本
開花期	7～8月

かわいらしい花に独特の匂い

ヘクソカズラ［屁糞葛］

葉をもんだり実をつぶすと、おならのような悪臭があるので、この名前に。つる状の茎を長く伸ばし、野や道端にはびこります。一方、釣鐘形の小さな白い花には愛らしさがあります。花の姿がお灸を連想させるので、「ヤイトバナ(灸花)」の名も。

引つぱつて
まだまだ
灸花《やいとばな》の蔓
——清崎敏郎《としお》

花言葉	意外性　誤解を解きたい
別名	ヤイトバナ(灸花)
花の色	○
分類	アカネ科ヤイトバナ属
原産地	日本を含む東アジア
開花期	8～9月

鋭いとげと毒を持つ野草

ワルナスビ［悪茄子］

北米原産の帰化植物。夏から秋にかけて、薄紫色のナスに似た花を咲かせ、やがて黄色く丸い実が熟します。葉や茎には鋭いとげがあり、草全体に有毒物質を含みます。耕作地にはびこる雑草であることから、「ワルナスビ」と名づけられました。

花言葉	いたずら　欺瞞
花の色	● ○
分類	ナス科ナス属
原産地	北アメリカ
開花期	6～10月

効き目がすぐに表れる薬草

ゲンノショウコ

「現の証拠」

花の時期に摘み取り、煎じて飲めば、下痢がぴたりと治る(すぐに効き目が表れる)ことから名前がつきました。東日本には白、西日本にはピンクの花が多く見られます。熟した実が裂けて反り返る様子から、「ミコシグサ(神輿草)」の名もあります。

花言葉	心の強さ　憂いを忘れて
別名	イシャイラズ(医者いらず)、ミコシグサ(神輿草)
花の色	○ ●
分類	フウロソウ科フウロソウ属
原産地	日本を含む東アジア
開花期	7〜10月

熟した実がはじけて種を飛ばす

ホウセンカ

「鳳仙花」

江戸時代に日本に入って来た園芸植物です。袋状の実は、ふれると果皮がはじけて中の種が飛び散ります。この習性から、花言葉は「私にふれないで」。子どもたちが花の汁で爪を染めたことから、「ツマクレナイ(爪紅)」の名も。

花言葉	私にふれないで　短気　心を開く
別名	ツマクレナイ(爪紅)、ツマベニ(爪紅)
花の色	● ● ○
分類	ツリフネソウ科ツリフネソウ属
原産地	東南アジア
開花期	7〜9月

色あせず長期間咲き続ける

センニチコウ［千日紅］

丸くて小さな花が愛らしく、サルスベリ（百日紅、P.166）より長く咲き続けるので、この名前に。花びらに見えるのは、葉が変化した「苞《ほう》」で、花は苞の中に小さく咲きます。高温や乾燥に強く、ドライフラワーにしても色あせにくいため、長期間楽しめます。

花言葉	変わらぬ愛　永遠の恋
別名	センニチソウ（千日草）
花の色	●●●○
分類	ヒユ科センニチコウ属
原産地	パナマ、グアテマラ
開花期	7～10月

目にまぶしい鮮やかな花色

マリーゴールド

初夏から秋にかけて、明るい黄色やオレンジ色の花を次々に咲かせる、メキシコ原産の園芸植物です。聖母マリアの祭日に咲く黄金色の花という意味で、名前がつけられました。地中の害虫（センチュウ）を防ぐ効果もあり、畑のそばに植えられることもあります。

花言葉	信頼　嫉妬　変わらぬ愛
別名	クジャクソウ（孔雀草）、マンジュギク（万寿菊）、センジュギク（千寿菊）
花の色	●●○ 複色
分類	キク科マンジュギク属
原産地	メキシコ
開花期	5～10月

蘂《しべ》の朱が
花弁にしみて
孔雀草
――高浜虚子

燃え立つような緋色が目を引く

サルビア

花壇の花としてポピュラーなサルビア（正式名はサルビア・スプレンデンス）は、燃え立つような緋色が特徴。原産地では、ハチドリが蜜を吸いに来るそう。サルビア属の仲間は多様で、古代ギリシャ時代から薬草として使われてきた「セージ」もその一種です。

花言葉	尊敬　家族愛
別名	ヒゴロモソウ（緋衣草）
花の色	●●○
分類	シソ科サルビア属
原産地	ブラジル
開花期	6〜11月

暑さに負けず鮮やかな花を開く

ヒャクニチソウ［百日草］

花期が長く、カラフルな色合いの花が次々と咲き続けることから、名前がつけられました。一重咲きのほか、八重咲き、ポンポン咲きなど、咲き方も多様。中心の管《かん》状《じょう》花《か》がリング状に集まって咲く姿もユニークです。お盆に供える花としても親しまれてきました。

花言葉	絆　遠い友を思う
別名	ジニア
花の色	●●●●○
分類	キク科ヒャクニチソウ属
原産地	メキシコ
開花期	7〜10月

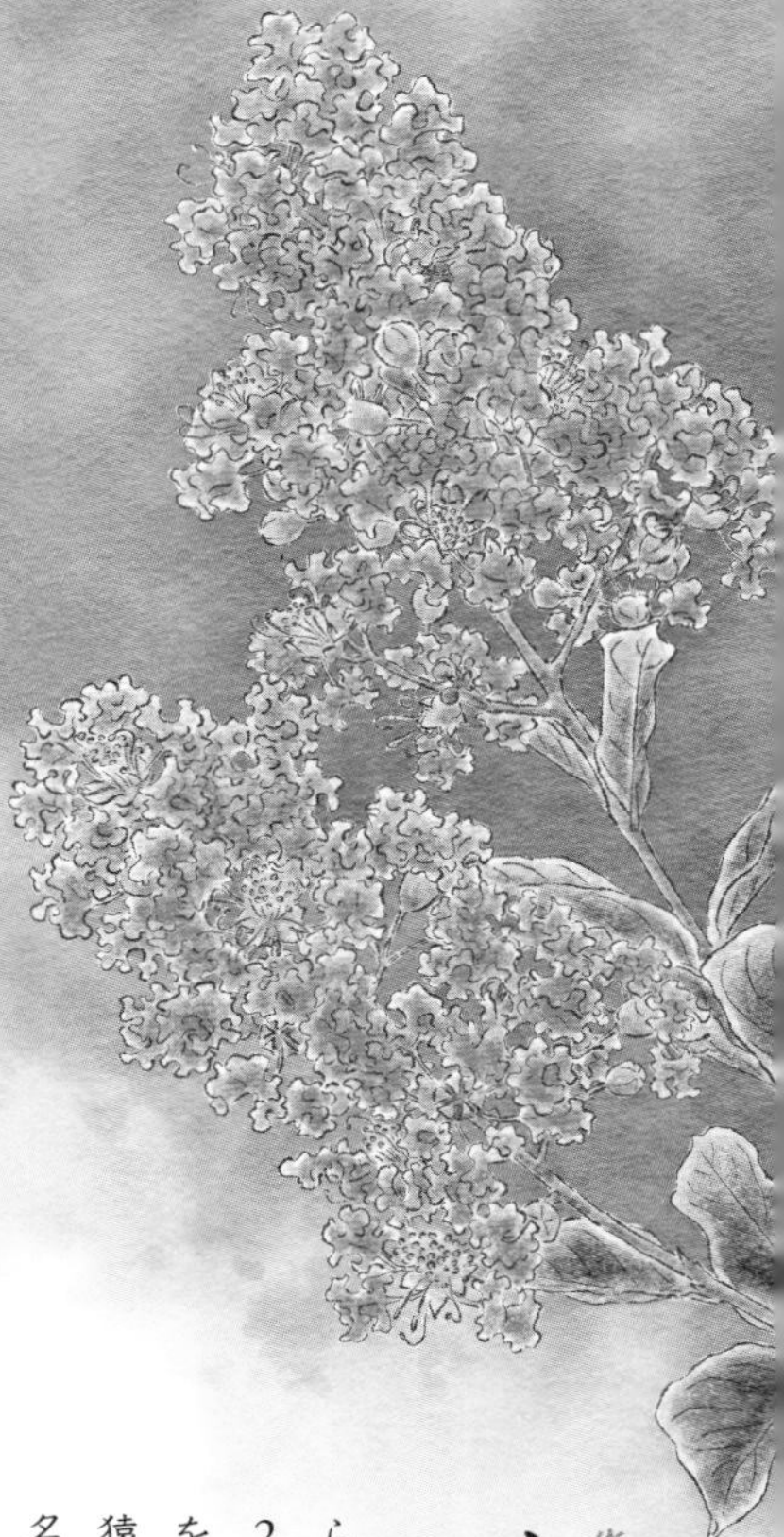

炎天下に次々と咲き続ける

サルスベリ
［百日紅］

真夏の太陽の下、咲き誇る姿が印象的。ひらひらと縮れたような花びらをつける花は、2日ほどで枯れますが、また次々と新しい花を咲かせます。木肌がつるつるとなめらかで、猿が登っても滑り落ちそうだということで、名前がつけられました。また、花期が長いことから、「百日紅」と表記されます。花の後には、小さな球形の果実がなります。

散れば咲き散れば咲きして百日紅
——加賀《かがの》千代《ちよ》女《じょ》

炎天《えんてん》の地上花あり百日紅
——高浜虚子

花言葉	雄弁
別名	ヒャクジツコウ（百日紅）
花の色	●●○
分類	ミソハギ科サルスベリ属
原産地	中国
開花期	7〜10月

暑い盛りにラッパ形の花を開く

ノウゼンカズラ［凌霄花］

つる状の茎から気根《きこん》（地上に生えている根）を伸ばして、樹木や壁に這い上がり、明るいオレンジ色の花を次々と咲かせます。「凌霄《のうぜん》」は、「空をしのぐ」という意味。夏空に向かってファンファーレを鳴らすラッパのような姿から、花言葉は「栄光」「夢ある人生」。一つの花は一日で落ち、夕方には地上に花だまりをつくります。

火のごとや
夏は木高《こだか》く咲きのぼる
のうぜんかづらありと思はむ
——北原白秋「黒檜《くろひ》」

「まるで火のようではないか。高くなった夏の木立に咲き上っていくノウゼンカズラのその姿は。」

花言葉	栄光　夢ある人生
花の色	●●●
分類	ノウゼンカズラ科ノウゼンカズラ属
原産地	中国
開花期	7～8月

次第に花の色が変化する

ランタナ

カラフルな小花が円形に集まり、外から内へと咲き進みます。花色は、咲き始めは黄色ですが、次第にピンクやオレンジ、赤へと変化するので、「シチヘンゲ（七変化）」とも呼ばれます。変化後の花は受粉済みで、あまり虫が来ません。熱帯産の低木で、日本でも半野生化しています。

花言葉	心変わり　協力
別名	シチヘンゲ（七変化）
花の色	●●●●
分類	クマツヅラ科シチヘンゲ属
原産地	熱帯アメリカ
開花期	5～11月

夕方からひっそりと花開く

オシロイバナ［白粉花］

漏斗形の花びらのような部分はがくで、花弁はありません。花の後にできる黒い種を割ると、白粉のような粉が出てくることから、名前がつきました。夕方4時頃から咲き始めるため、「ユウゲショウ（夕化粧）」の名も。翌日の午前中にはしぼみます。

花言葉	内気　臆病
別名	ユウゲショウ（夕化粧）
花の色	●●●○
分類	オシロイバナ科オシロイバナ属
原産地	中央・南アメリカ
開花期	7～11月

生命力が強く荒地にも育つ

キョウチクトウ［夾竹桃］

原爆を投下された広島の焦土にいち早く咲き、復興の希望となった花として知られます。大気汚染にも強く、幹線道路沿いの植栽などにも利用されます。美しい花を咲かせる一方で、全体に強い毒性があり、死に至る事例もあるので誤食に注意。

夾竹桃
しんかんたるに
人をにくむ

——加藤楸邨《しゅうそん》

花言葉	危険な愛　用心
花の色	○●●●
分類	キョウチクトウ科キョウチクトウ属
原産地	インド
開花期	6～9月

「難を転じる」縁起のよい樹木

ナンテン［南天］

「難を転じる」木として、縁起をかつぎ、庭によく植えられます。夏に咲く白い花は小さく目立ちませんが、その分、奥ゆかしさがあります。秋から冬にかけて、美しい赤い実をつけます（P.222参照）。常緑の葉は赤飯の飾りなどにも利用されます。

花言葉	福をなす　よい家庭
別名	ナンテンチク（南天竹）、ナンテンショク（南天燭）
花の色	○
分類	メギ科ナンテン属
原産地	中国
開花期	5～7月

フヨウ［芙蓉］

大輪の花を咲かせる一日花《いちにちばな》

夏から秋にかけて、直径15㎝前後の大輪のピンクの花を咲かせます。朝開いて夕方にはしぼむ一日花。古くから観賞用に栽培され、たおやかな花の様子から、美しい女性にたとえられてきました。昔はハスも「芙蓉《ふよう》」と呼んだため、「木芙蓉《もくふよう》」と呼び分けることもあります。同時期に近縁種のムクゲ（P.171）も咲きますが、雄しべが上向きに曲がるのがフヨウ、まっすぐなものがムクゲと区別します。

徐々に色が変わる「酔芙蓉《すいふよう》」

スイフヨウ（酔芙蓉）は、八重咲きの園芸品種で、開花直後は白、その後はピンク、赤へと花色が変わっていきます。お酒に酔った人の顔が赤くなる様子になぞらえた名前です。

酔芙蓉
白《はく》雨《う》たばしる中に酔ふ
――水原秋《しゅう》櫻《おう》子《し》

注 「白雨」は夏の夕立のこと。

花言葉	繊細な美　しとやかな恋人
別名	モクフヨウ（木芙蓉）、キハチス（木蓮）
花の色	●○●
分類	アオイ科フヨウ属
原産地	中国、北アメリカ
開花期	7～10月

芙蓉さく今朝一天《いってん》に雲もなし
――宮《みや》紫《し》暁《ぎょう》

夏から秋へ長く咲き続ける

ムクゲ［木槿］

フヨウ属の仲間で、早朝に開き夕方にはしぼむ一日花ですが、夏から秋にかけて、毎日次々と新しい花が開きます。韓国の国花として知られ、寒さに強いため、欧米でも庭木として親しまれています。白い花の中心が赤いものを「底紅《そこべに》」といいます。

道のべの
木槿は馬に
喰《く》はれけり
——松尾芭蕉

花言葉	恋の虜　新しい美　信念
別名	キンカ（槿花）、ハチス
花の色	○●●
分類	アオイ科フヨウ属
原産地	中国
開花期	7〜9月

花の形を銭に見立てた

ゼニアオイ［銭葵］

ヨーロッパから来たアオイ科の仲間です。直径3cmほどの赤紫色の花には、濃い紫の筋が入ります。花の形を銭に見立てて、名前がつけられました。近縁で、花がよく似るウスベニアオイは、「マロウ」とも呼ばれ、花びらはハーブティーになります。

花言葉	初恋　恩恵　温和
別名	コアオイ（小葵）
花の色	●
分類	アオイ科ゼニアオイ属
原産地	ヨーロッパ
開花期	6〜8月

まっすぐ伸ばした茎に花が咲き上る

タチアオイ［立葵］

夏空の下、まっすぐに立った茎に、直径10cmほどの大きな花が、下から順に咲き上ります。茎は2mほどの高さになります。園芸品種も多く、花色も豊富で八重咲きの花もあります。現在は一般に「葵」といえば、タチアオイを指すことが多いですが、古くは京都の葵祭など、フタバアオイ(P.51)を指す場合が多いようです。

花言葉	野心　先見の明
別名	ホリホック
花の色	
分類	アオイ科タチアオイ属
原産地	中国
開花期	6〜8月

干《ほし》竿《ざお》にあらひかけほす
白《しろ》妙《たえ》の衣のすその
たち葵の花
――長塚節《たかし》

「物干し竿に、洗って掛けて干してある真っ白い着物。そのすその辺りに立つタチアオイの花のあざやかなことよ。」

明星に
影立ちすくむ
葵かな
――小林一茶

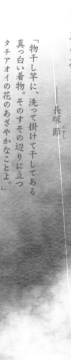

中心部が盛り上がるように咲く

オオハンゴンソウ

［大反魂草］

黄色い花びらに見えるものは、一つひとつが小さな花。その中心に、黄緑色の管状花《かんじょうか》がこんもりと盛り上がる独特の姿です。「反魂《はんごん》」は、死者の魂を呼び戻すという意味で、切れ込みのある葉が死者の手のように見えることから。草地に増え、特定外来生物に指定されています。

花言葉	あなたを見つめる 正しい選択
花の色	●●
分類	キク科 オオハンゴンソウ属
原産地	北アメリカ
開花期	7～10月

暑さに負けず情熱的に咲く

カンナ

真夏の暑さに呼応するように、大きな葉の間から太い花茎を伸ばし、色鮮やかで大ぶりな花を次々と咲かせます。コロンブスのアメリカ大陸発見の際に見つかった花。名前は、茎が筒状になることから、ギリシャ語の「カンナ(葦)」に由来します。

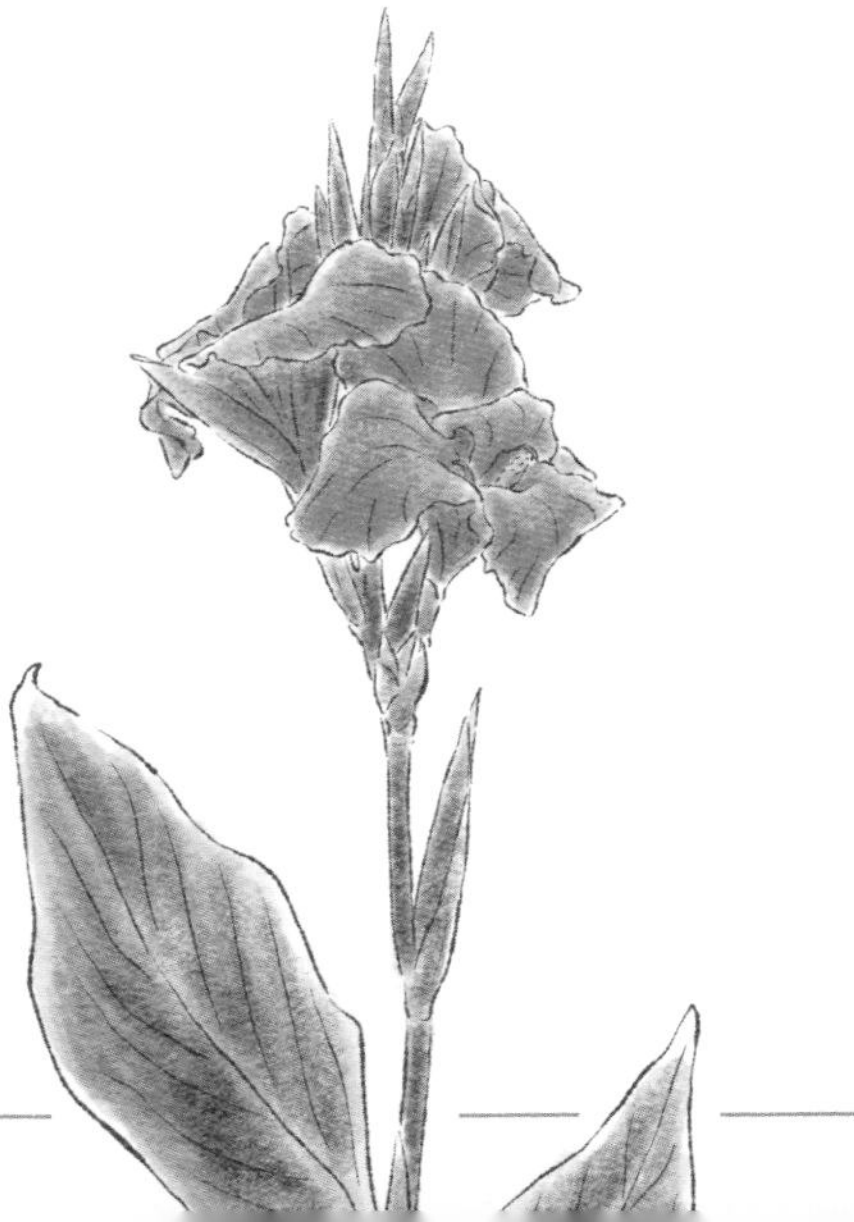

花言葉	情熱　永遠　妄想
別名	ハナカンナ
花の色	●●●○
分類	カンナ科カンナ属
原産地	熱帯アメリカ、熱帯アジア
開花期	6～10月

輝く太陽のような花

ヒマワリ

［向日葵］

鮮やかな黄色がまぶしい、夏を代表する花です。花の形や大きさもさまざまで、草丈も30㎝ほどの小型のものから、3ｍを超えるものまで多様。一つの花に見えるものは大きな頭花《とうか》で、中心に密集した茶色い管状花《かんじょうか》を、黄色の花びらのような舌状花《ぜつじょうか》が囲みます。種ができるのは管状花だけです。

向日葵は
金の油を身にあびて
ゆらりと高し
日のちひささよ

——前田夕暮《ゆうぐれ》「生《い》くる日に」

「ヒマワリは、
金の油のような太陽の光を浴びて、
ゆらりと高く伸びている。
その上に照る太陽が小さく見えるほどだ。」

髪に挿《さ》せばかくやくと射る夏の日や
王者の花のこがねひぐるま

——与謝野晶子「恋衣《こいごろも》」

「ヒマワリの花を髪に挿せば、
射るような夏の強い日差しに光り輝くでしょう。
黄金日車（ヒマワリ）は王者の花。」

向日葵に剣《つるぎ》の如《ごと》きレールかな

——松本たかし

花言葉	あなただけを見つめます 崇拝　愛慕
別名	ニチリンソウ（日輪草）、 ヒグルマ（日車）
花の色	
分類	キク科ヒマワリ属
原産地	北アメリカ
開花期	７～８月

太陽の方を向いて咲く？

太陽の位置に合わせて花の向きを変えるといいますが、それはつぼみのときだけ。花が開くと、だいたい東を向いて動かなくなります。また、結実すると、種の重さでうなだれ下を向きます。

ユウガオ［夕顔］

薄幸の女性と重ねられた一夜花

夏の夕方、透けるような白い花を開き、翌朝にはしぼみます。大きな丸い果実は、帯状にむいて乾燥させ、干瓢《かんぴょう》として利用されます。『源氏物語』の「夕顔」の巻では、ユウガオの花が咲く質素な家に住む女性(夕顔)と、光源氏との情愛が描かれます。なお、ヒルガオ科のヨルガオも、「ユウガオ」と通称されることがありますが、全く異なる種です。

花言葉	儚い恋　夜の思い出
別名	タソガレグサ(黄昏草)、カンピョウ(干瓢)
花の色	○
分類	ウリ科ユウガオ属
原産地	アフリカ
開花期	7〜9月

心あてにそれかとぞ見る
白露の光そへたる夕顔の花

——「源氏物語」

「当て推量ながら、
あなたがその人ではないかと拝見しております。
白露が光を添えた夕顔の白い花のように、
美しいお顔のあなたではないかと。」

夕顔は、花の形も朝顔に似て、
いひつづけたるに、いとをかしかりぬべき花の姿に、
実のありさまこそ、いとくちをしけれ。

——清少納言「枕草子」

「ユウガオは、花の形も朝顔に似て、
朝顔・夕顔と並べて言ってもおかしくないくらい美しい花なのに、
実の様子だけがとても残念だ。」

闇に浮かぶ細かなレース状の花

カラスウリ［烏瓜］

藪や生け垣の中につるを伸ばすウリ科の植物。日没後、繊細なレース編みのような白い花を咲かせます。朝にはしぼむため、人目に留まることはあまりありません。秋には朱色に熟した実をつけます(P.224参照)。実の中にある黒褐色の種が、結び文のような形をしているため、「手紙」を意味する「タマズサ(玉章)」の別名もあります。

昔ながらのベビーパウダー

カラスウリ属の根や種子は、生薬としても利用されます。黄色い実をつけるキカラスウリの根からとれるデンプンは、「天瓜粉《てんかふん》」と呼ばれ、以前は赤ちゃんの汗止めとして使われました。

からすうり
宵の蛾よりも
花淡し
——水原秋櫻子《しゅうおうし》

花言葉	誠実　実直　よい便り
別名	タマズサ(玉章)
花の色	○
分類	ウリ科カラスウリ属
原産地	中国、日本
開花期	8〜9月

水辺に群生し人の生活に深く関わる

アシ ［葦・蘆・芦］

世界に広く分布し、河原や池のほとりなど、湿った地に群落をつくる水生植物。アシという名前が「悪し」に通じることから、「ヨシ」とも呼ばれます。茎はよしずや簾《すだれ》などに利用され、根は生薬になります。ススキ（P.210）にくらべると葉が短く、草丈が高いことが特徴。晩夏に赤紫色の花穂《かすい》をつけます。「豊葦原《とよあしはら》」は、豊かにアシが生い茂る野原の意味で、古くは日本の国のことを指しました。

難波《なにわ》潟《がた》みじかき芦のふしの間《ま》も
あはでこの世を過ぐしてよとや

——伊勢《いせ》「新古今和歌集」

「難波潟に生えている芦の短い節と節の間のようなわずかな時間も、逢わないで一生を過ごせとあなたはおっしゃるのですか。」

花言葉	音楽　神の信頼　従順
別名	ヨシ
花の色	●
分類	イネ科ヨシ属
原産地	熱帯・亜熱帯地域
開花期	８～10月

難波《なにわ》江《え》の芦のかりねのひとよゆゑ
身をつくしてや恋《こ》ひわたるべき

——皇嘉門院別当《こうかもんいんのべっとう》「千載《せんざい》和歌集」

「難波江の芦の刈り根の一節《ひとよ》（節と節の間）のように、短い仮の一夜を共に過ごしたせいで、澪標《みおつくし》のように、この身をつくして恋し続けなければならないのでしょうか。」

注　「澪標」とは、船が入り江を航行するときの目印となるように立てられた杭のこと。

和歌とも関係が深い植物

「難波江（難波潟）」は、昔の大阪湾の淀川河口付近で、アシの名所。和歌ではよく、アシとセットで詠まれています。また、「刈り」「節（ふし・よ）」も、アシの縁語として詠まれます。

お盆に仏様にお供えする

ミソハギ［禊萩］

川辺や田の畔《あぜ》などに生え、赤紫色の小花を穂状に咲かせます。名前は「禊萩《みそぎはぎ》」の意味で、お盆の頃に咲き、墓前に供える盆花《ぼんばな》として知られます。水にひたした花穂《かすい》で精霊棚のお供えを清める風習から、「ショウリョウバナ（精霊花）」の名もあります。

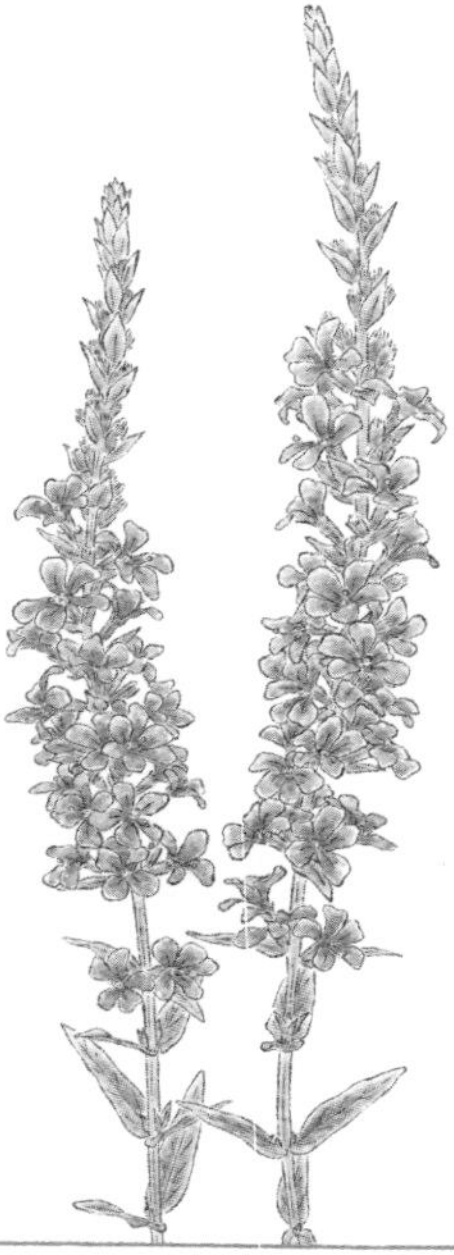

家遠しみそ萩つむは孤児《みなしご》か
――幸田露伴《ろはん》

花言葉	慈愛　悲哀　愛の悲しみ
別名	ショウリョウバナ（精霊花）
花の色	●
分類	ミソハギ科ミソハギ属
原産地	朝鮮半島、日本
開花期	7～9月

稲が育たない荒れ地でも育つ

ソバ［蕎麦］

縄文時代に日本に伝播したといわれるタデ科の植物です。晩夏から初秋、白い小花を穂状に咲かせます。花後にできる三角形の実をひいて粉にし、これてそばを作ります。荒れ地や冷涼な土地でも育つため、平安の頃から、飢饉に備える救荒《きゅうこう》作物としても栽培されてきました。

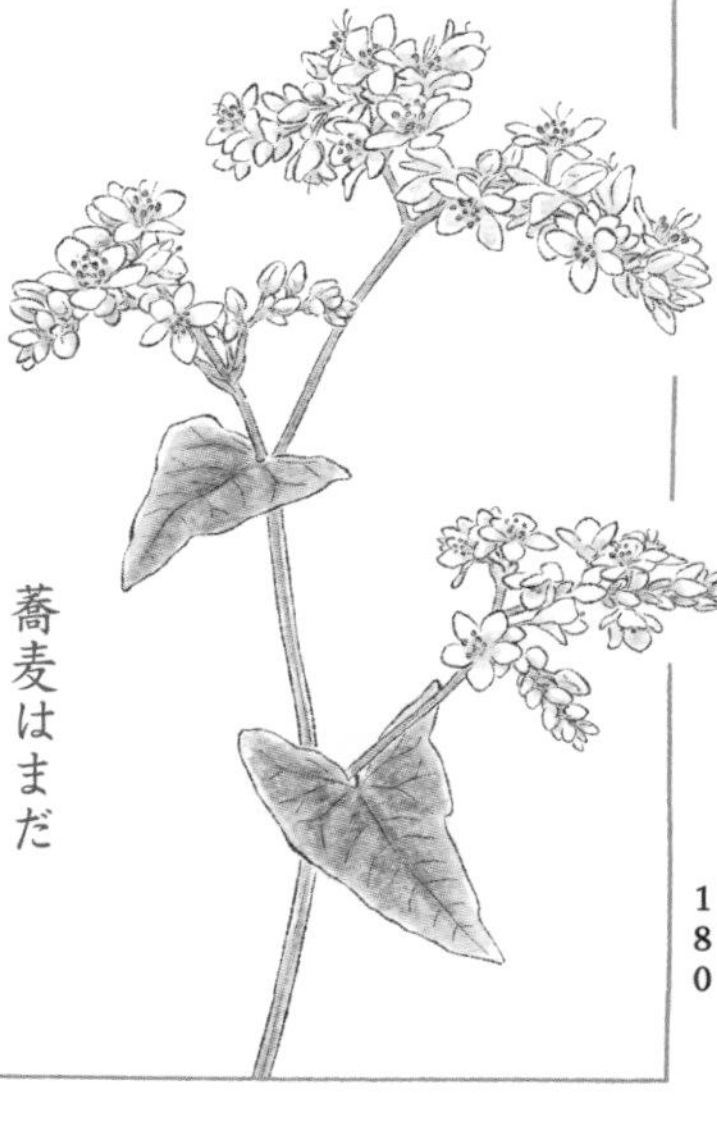

蕎麦はまだ
花でもてなす
山路かな
――松尾芭蕉

花言葉	懐かしい思い出
別名	ソバムギ（蕎麦）
花の色	○ ● ●
分類	タデ科ソバ属
原産地	中央アジア、東アジア
開花期	8～10月（秋まき）、 4～5月（春まき）

稲穂を出して米を実らせる

イネ［稲］

種子である米をとるために、世界各地で栽培されています。夏、穂先に目立たない白い小花を多数つけます。イネ科の仲間には、花びらがありません。雄しべと雌しべは、「えい」という、かたい殻に守られており、受粉後はえいの中で子房がふくらみ、米になります。稲作は古来、日本人の生活に深く結びつき、「トミクサ（富草）」や、美称である「ミシネ（御稲）」の名も残ります。

花言葉	神聖
別名	トミクサ（富草）、ミシネ（御稲）
花の色	○
分類	イネ科イネ属
原産地	アジアを中心とした世界の熱帯・温帯
開花期	7～8月

八月のなかばになると、
オリザの株はみんなそろって穂を出し、
その穂の一枝ごとに小さな白い花が咲き、
花はだんだん水いろの籾《もみ》にかわって、
風にゆらゆら波をたてるようになりました。

——宮沢賢治「グスコーブドリの伝記」

注 「オリザ」は、ラテン語でイネのこと。

周囲をつるで覆ってしまう生命力

クズ

［葛］

山野に自生する秋の七草の一つ。晩夏、赤紫色の蝶形花が穂状につき、ブドウのような甘い香りを漂わせます。大きな葉が風にひるがえり、葉裏の白色が見える様子が印象深く、「裏見《うらみ》」を転じて「恨み」として、失恋の和歌などに詠み込まれてきました。繁殖力が強く、他のものを覆いつくしてつるを伸ばすため、害草とされることもあります。

花言葉	芯の強さ　治癒
別名	ウラミグサ（裏見草）
花の色	●
分類	マメ科クズ属
原産地	日本を含む東アジア
開花期	8～10月

根は食品や生薬に利用される

クズの太い根からは、良質のデンプンである葛粉がとれ、葛餅や葛餡などに使われます。昔、奈良県・国栖《くず》の人が売ったため、クズという名前がつけられたともいいます。根は、生薬「葛根湯《かっこんとう》」の原料にもなります。

葛の花　踏みしだかれて、色あたらし。
この山道を行きし人あり

——釈《しゃく》　迢空《ちょうくう》「海やまのあひだ」

「誰もいない道を行くと、
葛の花が踏みにじられて鮮やかな色を見せている。
この山道を行った人があるのだ。」

草花にまつわる季節のことば

季節が来ると芽吹き、花咲く植物たち。俳句の季語をはじめ、四季の巡りを感じる言葉を集めました。

季語…季語になる言葉

春

花信 かしん

花が咲いたという知らせ。花便りとも。早春から初夏にかけて吹き、花が開くことを知らせる風を「花信風《かしんふう》」という。

茎立 くくたち 季語

カブやダイコンなどの花茎《かけい》が伸びること。茎が伸びて花が咲き、その花から種がとれる。一方で、可食部の味は悪くなるので「薹《とう》が立つ」ともいう。

穀雨 こくう 季語

*二十四節気の一つで、4月20日～5月4日頃にあたる。種や苗を育て、草木の生長を促す春の雨が降る頃。

＊一年間を24等分して、季節の移り変わりに即して呼び名をつけたもの。

木の芽時 このめどき 季語

さまざまな木が芽吹く時期。「木《こ》の芽《め》」は、春に芽吹く木々の芽の総称。生命感にあふれ、春の到来を告げる。

下萌《したもえ》 季語

早春、昨年の枯れ草の下から、新たに草の芽が萌え出ること。雪国では、残雪の間から顔を出す新芽が春を告げる。

春日野《かすがの》の下もえわたる草のうへに
つれなく見ゆる春のあは雪
——源国信《くにざね》「新古今和歌集」

末黒野《すぐろの》 季語

春の野焼きで、草が黒く焼け焦げた野のこと。害虫が駆除され、灰が肥料になることで、新しい緑が萌え出る。

竹の秋《たけのあき》 季語

草木が秋に紅葉するように、タケの葉が春の一時期、黄色く変色すること。地下茎でつながるタケノコの生長に養分を送るためで、やがて若竹が伸びると、新しい葉を出して黄ばんだ葉を落とす。

種蒔《たねまき》 季語

稲の種籾《たねもみ》を苗代《なわしろ》(水田の一部を区切った場所)にまくこと。春の彼岸から八十八夜頃にかけて行われる。

摘み草《つみくさ》 季語

春の野に出て、ヨモギやツクシ、セリ、ヨメナなど、食用となる野草を摘むこと。昔は春の行楽の一つだった。

桃花水《とうかすい》

モモの花が咲く3月頃、雪や氷が解けて水量を増し、あふれるように流れる川の水のこと。春の喜びを表す言葉。

踏青《とうせい》 季語

春の野遊びの一環で、萌え出た若草を踏み、その感触を楽しむこと。春野で宴を催した、古代中国の風習が起源。

菜種梅雨《なたねづゆ》 季語

ナノハナの咲く頃、しとしとと降り続く春の暖かい雨。草木の開花を促す「催花雨《さいかう》」ともいわれる。

八十八夜《はちじゅうはちや》 季語

立春から88日目を指す(5月2日頃)。茶摘みの最盛期であり、この日を目安に田植えの準備が始まる。

花の王　はなのおう

数ある花の中でも豪華で美しいもの。ボタンを指すことが多いが、西欧ではバラを指すことも。「花王《かおう》」ともいう。

百花繚乱　ひゃっかりょうらん

多種多様なたくさんの花が咲き乱れること。転じて、優れた業績や人物が一時期に数多く現れることのたとえ。

やはり野に置け蓮華草　やはりのにおけれんげそう

レンゲは野に咲いてこそ美しく、摘み取らない方がいい。草木も人も、本来の場所で生きるべきだというたとえ。

山笑う　やまわらう　季語

新緑や花に彩られた春の山を形容する言葉。「春山淡冶《たんや》にして笑ふが如《ごと》く」という中国の詩句を起源とする。

故郷《ふるさと》やどちらを見ても山笑ふ

――正岡子規

若菜　わかな　季語

春先に萌え出る食用になる草。また、新年の七草粥に入れる若草のこと。セリ、ナズナ、ゴギョウ、ハコベラ、ホトケノザ、スズナ、スズシロの7種。

君がため
春の野に出でて
若菜摘む
わが衣《ころも》手《で》に
雪は降りつつ

――光孝天皇「古今和歌集」

夏

青嵐 あおあらし 季語

青々と茂った木々や草を揺らして吹き渡る、やや強い風のこと。「夏嵐《なつあらし》」とも。同じく夏の季語で、緑の匂うようなすがすがしい風を「薫風《くんぷう》」と呼ぶ。

空へ空へ我れはも昇る青嵐

——臼田亞浪《あろう》

青時雨 あおしぐれ 季語

初夏の雨上がり、緑が濃い木々の下を通ると、葉に溜まっていた雨が雫となり、パラパラと降りかかること。

青田 あおた 季語

夏前に植えた稲の苗が、青々と生長した田のこと。青い穂が波打つように風になびく様子は「青田波《あおたなみ》」という。

山々を低く覚ゆる青田かな

——与謝蕪村

青葉 あおば 季語

春に芽吹いた木々が5月頃に若葉となり、さらに緑の深まりを感じさせる青葉となる。初夏の山は「青葉山《あおばやま》」という。

目には青葉山ほととぎす初鰹《はつがつお》

——山口素堂《そどう》

朝顔の露 あさがおのつゆ

朝に咲き昼にはしぼむアサガオの花、その儚い花がしぼむ前に消えてしまう露。花よりもなお儚い存在のたとえ。

いずれ菖蒲か杜若 いずれあやめかかきつばた

共にアヤメ科に属する美しい花で、見分けがつけにくい。転じて、優劣がつけ難く、どちらかを選べないこと。

卯の花腐し うのはなくたし 季語

5月から6月上旬に、一時的に降り続く長雨のこと。ウツギの花が咲く頃に降り、花を損なう雨ともいわれる。

卯の花月夜《うのはなづくよ》

卯の花が咲く月夜。月の光に照らされて、花の白さがより際立つ。

五月山《さつきやま》
卯の花月夜
ほととぎす
聞けども飽かず
また鳴かぬかも
――よみ人知らず「万葉集」

お花畑《おはなばたけ》 季語

高山の花畑。夏は高山植物が一斉に開花し、咲き乱れる。「花畑」は秋の季語。

親の意見と茄子の花は千に一つも徒はない《おやのいけんとなすびのはなはせんにひとつもあだはない》

ナスの花が実となるように、子を思う親の意見に無駄はないということ。

槿花一日の栄《きんかいちじつのえい》

美しく咲くムクゲの花も、朝開いて夕方にはしぼんでしまう。同様に、人の栄華も短く儚いことのたとえ。

草いきれ《くさいきれ》 季語

夏の日差しの下、生い茂る草むらのむせかえるような熱気のこと。

草市《くさいち》 季語

旧暦7月12日頃(現在の8月中旬)に開かれる、お盆の行事に用いる品々を売る市。精霊棚に使うハスの葉や盆花《ぼんばな》などを扱う。俳句では秋の季語。

薬狩《くすりがり》 季語

旧暦5月5日(現在の6月上旬)に行われた古代の風習。野に出て薬草を摘み、薬とされた鹿の若角をとった。

翠雨 すいう

初夏、青々と茂った草木の若葉を濡らす雨。「緑雨《りょくう》」ともいう。

茅の輪 ちのわ 季語

各地の神社で6月30日に行われる「夏《な》越《ごし》の祓《はらえ》」では、チガヤを束ねて作った茅の輪をくぐり、半年分の穢《けが》れを祓い、次の半年の無病息災を祈る。

梅雨 つゆ 季語

ウメの実が熟す頃に降り続く長雨。暦の上での入梅《にゅうばい》は6月11日頃にあたり、時期を前後するものの、6月上旬から約1カ月間が梅雨の時期になる。

入梅《にゅうばい》や蟹かけ歩く大座敷
——小林一茶

夏草 なつくさ 季語

野山に繁茂し、生命力にあふれる夏の草。季語では木々が茂ることは「茂《しげり》」といい、草は「草茂《くさしげ》る」ともいう。

夏草やつはものどもが夢の跡
——松尾芭蕉

夏野 なつの 季語

草が生い茂り、むせるような草いきれに満ちた野原。古くは『万葉集』などにも詠まれてきた。「青野《あおの》」ともいう。

夏野行《ゆ》く
牡《お》鹿《しか》の角の
束《つか》の間も
妹《いも》が心を
忘れて思へや
——柿本人麻呂「万葉集」

麦秋 ばくしゅう 季語

穀物が熟す秋のように、初夏にムギが熟す時季のこと。「麦の秋」とも。穂が出る頃の「青麦《あおむぎ》」は春の季語。

蓮は泥より出でて泥に染まらず

はすはどろよりいでてどろにそまらず

ハスは汚い泥の中に生えて美しい花を咲かせる。転じて、人が俗世間の中にあっても周囲に染まらず、心の清らかさを保つことのたとえ。

花氷
はなごおり　季語

大きな氷の中に、美しい草花などを閉じ込めたもの。暑い盛りに涼感を呼び、催し物の会場などに置かれる。

くれなゐを籠《こ》めて涼しや花氷
——日野草城《そうじょう》

薔薇に棘あり
ばらにとげあり

バラにとげがあるように、美しい人やものにも、人を傷つける一面がある。

万緑叢中紅一点
ばんりょくそうちゅうこういってん

緑の中に咲く一輪の赤い花が、美しく目立つこと。「万緑」とは、あたり一面に緑が広がる様子。原典は古代中国の詩で、赤い花はザクロの花を指した。

芒種
ぼうしゅ　季語

二十四節気の一つで、6月6日頃～夏至の前日にあたる。芒《のぎ》(実の先端の針のような毛)を持つイネやムギなどの、種まきの時期の目安とされた。

盆花
ぼんばな　季語

お盆に精霊棚や仏壇に供える花。花の種類はキキョウやミソハギ、オミナエシ、ハギなどさまざま。かつては山や野から摘んでくるものだった。

水草の花
みずくさのはな　季語

水中に生育する藻や水草の花。スイレンをはじめオモダカ、コウホネなど、多くの水草は夏に花を開く。

六日の菖蒲
むいかのあやめ　季語

5月5日の端午の節句に用いるショウブ(古称はアヤメ)が、翌日の6日にあっても遅い。時期を逸して役に立たないことのたとえ。

秋

秋の七草 あきのななくさ

ハギ、ススキ、クズ、ナデシコ、オミナエシ、フジバカマ、キキョウの7種。古来、秋の草花の代表とされる。

稲雀 いなすずめ 季語

実った稲を目当てに、群れを成して来る雀のこと。追い払うと一斉に逃げるが、またすぐに戻って来る。

稲妻 いなずま 季語

雷と共に、空に閃く光のこと。雷鳴が聞こえず、光だけ見える場合もある。古くは「稲の夫《つま》」として、イネを実らせる光とも考えられていた。

落穂 おちぼ 季語

収穫後の田に落ちている稲穂のこと。拾い集める「落穂拾い」も秋の季語。

菊襲 きくがさね

昔の貴族が旧暦9月に着た、表が白、裏が紫または蘇芳《すおう》色(くすんだ赤)の衣の取り合わせ(襲《かさね》)。当時は季節ごとに、身に着ける衣の配色が決まっていた。

菊供養 きくくよう 季語

重陽《ちょうよう》の節句の際に、東京・浅草寺で行われる法会《ほうえ》。参詣人は仏前にキクの花を供え、代わりにすでに供えられていたキクを持ち帰って災難除けとする。

菊酒 きくざけ 季語

重陽の節句にキクの花をひたして飲むお酒。長寿の願いを込めて飲む。

菊人形 きくにんぎょう 季語

キクの花を、衣装に見立てて人形を飾ったもの。江戸時代、芝居の名場面を再現するなどして人気を誇った。

菊日和 きくびより 季語

キクの花が盛りの頃、秋空が澄んで晴れ渡るおだやかな日のこと。各地で菊《きっ》花《か》展が催される時期。「秋《あき》日和《びより》」とも。

桐一葉　きりひとは　季語

大きなキリの葉が一枚ふわりと落ちて、秋の到来を知ること。中国の古典「一葉《いちよう》落ちて天下の秋を知る」が語源。衰亡の兆しを感じることのたとえ。

桐一葉日当《あた》りながら落ちにけり
――高浜虚子

草の花　くさのはな　季語

秋の野山や庭先に咲く、名も知らない草や雑草も含めた草の花の総称。ひっそりとした美しさを感じさせる。

草紅葉　くさもみじ　季語

秋の樹木の紅葉に対して、赤や黄に美しく色づく野の草のこと。

竹の春　たけのはる　季語

ほかの植物が色づく季節、タケは春に出た若竹が生長し、親竹と共に青々と葉を広げる。その様子を春にたとえた。

重陽の節句　ちょうようのせっく

旧暦9月9日に行われた「菊の節句」のこと。古来宮中では、キクの花を愛で、菊酒《きくざけ》を飲んで長寿を願う「菊の宴《えん》」が催された。

十日の菊　とおかのきく　季語

9月9日を過ぎたキクのこと。時期を逃すことのたとえ。「六日《むいか》の菖蒲《あやめ》」と同義。

野分　のわき　季語

秋の野の草を吹き分ける暴風のこと。台風の古称。過ぎ去った後の荒々しい光景も風情があるとされた。

大いなるものが過ぎ行く
野分かな
――高浜虚子

花野　はなの　季語

秋の草花が咲き乱れる野のこと。「花」はサクラを指す春の季語だが、草の花の多くは秋に盛りを迎える。

なにとなく
君に待たるるここちして
出《い》でし花野の夕月夜《ゆうづくよ》かな
――与謝野晶子

冬

梅に鶯　うめにうぐいす

絶妙の取り合わせであり、美しく調和するもののたとえ。ほかに「竹に雀《すずめ》」「牡丹に唐獅子《からじし》」「紅葉《もみじ》に鹿」などがある。

梅は蕾より香あり　うめはつぼみよりかあり

ウメがつぼみのときからよい香りを放つように、将来大成する人は幼い頃から秀でたところがあるという例え。「栴檀《せんだん》は双葉《ふたば》より芳《かんば》し」と同義。

梅は百花の魁　うめはひゃっかのさきがけ

ウメはあらゆる花(百花)の先頭を切って咲き、春の訪れを告げる。

末枯　うらがれ　季語

寒さで草木が先端(末《すえ》)の方から、色づき枯れ始めること。わびしい雰囲気が漂う。俳句では晩秋の季語。

雪中四友　せっちゅうしゆう

厳しい寒気の中でも花開く、ウメ、ロウバイ、サザンカ、スイセンの4種。

探梅　たんばい　季語

冬の山野に出かけて、早咲きのウメを探し求めること。いち早い春を見つけようとする、風雅に富んだ試み。

飛梅　とびうめ

福岡県の太宰府天満宮にあるウメの木には、菅原道真が大宰府に左遷されたときに、主人を追って京都の屋敷から飛んできたという伝承が残る。

室咲き　むろざき　季語

暖かい季節に咲く花を、温室に入れて冬場に咲かせたもの。シクラメンやカトレアなどラン科の花が代表的。

室咲きの花のいとしく美しく
——久保田万太郎

山眠る　やまねむる　季語

眠るように静まり返った冬の山を形容する言葉。中国の詩句「冬山惨淡《さんたん》として眠るが如し」を起源とする。

炭竈《すみがま》に塗込めし火や山眠る
——松本たかし

秋

昔から、「花野《はなの》」とは、草の花が咲き乱れる
秋の野のことを指しました。
これから迎える冬枯れの季節を予兆するように、
秋の草花は繊細で、どこか儚い美しさが感じられます。

『万葉集』で最も多く詠まれた花

ハギ［萩］

秋の七草の筆頭に挙げられる植物で、野山に咲く「ヤマハギ」はその代表種。「草」といわれますが本来は低木で、赤紫色の蝶形の花を穂状に咲かせます。小さな葉をつけた枝が、風にうねるように揺れ、たくさんの花が咲きこぼれて地面に散り敷く様子にも風情があります。『万葉集』で最も多く詠まれている花で、約141首が入ります。

秋の野に
咲きたる花を
指《および》折り
かき数ふれば
七《なな》種《くさ》の花

萩の花
尾花《をばな》葛《くず》花《はな》
なでしこの花
をみなへし
また藤袴《ふじばかま》
朝顔の花

——山上憶良「万葉集」

「秋の野に咲いている花を
指折り数えれば、七種の花がある。
ハギの花。ススキ、クズ、ナデシコの花。
オミナエシ、そしてフジバカマ。キキョウの花。
これぞ秋の野に咲く七草の花。」

注「朝顔」はキキョウを指すと考えられている。

花言葉	思案　内気
別名	ヤマハギ（山萩）、 シカナグサ（鹿鳴草）、 カゼキキグサ（風聞草）
花の色	●
分類	マメ科ハギ属
原産地	日本
開花期	7～9月

ま萩《はぎ》散る庭の秋風身にしみて
夕日のかげぞ壁に消えゆく

——永福門院「風雅和歌集」

「美しいハギの花の散る庭で、
わたっていく秋風が身にしみて感じられる夕暮れ。
日が沈むにつれて光は弱まり、
壁に吸い込まれるように見えなくなってゆくよ。」

注「かげ」は、光のこと。

しら露もこぼさぬ萩のうねりかな

——松尾芭蕉

「花さえ咲きこぼすハギだが、
今は葉に宿った白露をこぼすことなく、
秋の風にゆるやかにうねっている。」

鹿や露と取り合わせる

和歌で多いのが鹿や露との取り合わせ。秋は牡鹿がメスを求めて鳴くことから、ハギを牡鹿の恋人にたとえて歌が詠まれました。露をのせた枝が重たげにしなる様子も、歌材の一つでした。

女性の優しさを感じさせる花

オミナエシ［女郎花］

秋の七草の一つ。枝分かれした花茎《かけい》の先に、鮮やかな黄色い小花を密集させ、扇のような形に咲かせます。たおやかな女性のような雰囲気と、粟飯《あわめし》のような色と姿から「女飯《おみなめし》」と呼ばれ、転じて「おみなえし」になったそう。近縁種に白い花の咲くオトコエシがありますが、大型で全体に毛が多いため、「オトコ」と名づけられたといいます。

手に取れば袖さへ匂ふをみなへし
この白露に散らまく惜しも

――よみ人知らず「万葉集」

「手に取ると、袖まで美しい黄色が照り映えるように感じられる女郎花。この白露のせいで散ってしまうのが、惜しまれてならないよ。」

注 「にほふ」は、ここでは香りではなく、艶やかな美しさを表す。

女郎花
少しはなれて
男郎花《おとこえし》

――星野立子

花言葉	美人　あの人が気がかり
別名	オミナメシ（女飯）、アワバナ（粟花）
花の色	●
分類	オミナエシ科オミナエシ属
原産地	日本を含む東アジア
開花期	8～10月

野山を彩る野菊の代表種

ノコンギク［野紺菊］

野山の草地に生え、淡い紫色の花を咲かせる、いわゆる「野菊」の代表種です。小ぶりで素朴な花の姿が、秋の野の雰囲気によく合います。地下茎を伸ばして群生し、葉には短い毛が生えていてザラザラします。似た姿で濃い紫色の花を咲かせるコンギクは、園芸品種。園芸店では、「ノコンギク」として売られていることもあるようです。

花言葉	長寿と幸福
別名	ノギク（野菊）
花の色	●
分類	キク科シオン属
原産地	日本
開花期	8～11月

真《まこと》に民子は野菊の様な児《こ》であった。民子は全くの田舎風ではあったが、決して粗野ではなかった。可憐で優しくてそうして品格もあった。厭味《いやみ》とか憎気《にくげ》とかいう所は爪の垢《あか》ほどもなかった。どう見ても野菊の風だった。

——伊藤左千夫《さちお》「野菊の墓」

「野菊」は野生のキクの総称

野生のキクはまとめて「野菊」と呼ばれ、多くは秋に咲きます。小ぶりの花を咲かせるヨメナ（P.202）、めずらしく春に咲くミヤコワスレ（P.60）など、多くの近縁種があります。

頂上や
殊《こと》に野菊の吹かれ居《お》り

——原 石鼎《せきてい》

桜餅のような香りが愛された

フジバカマ

［藤袴］

秋の七草の一つ。やや湿った草地を好み、花茎《かけい》の先に小花を密集して咲かせます。薄紫色（藤色）の花びらの形が袴に似ていることから、「フジバカマ」と名づけられました。葉は乾燥させるとよい香りがします。同様に芳香があるという理由から、「ランソウ（蘭草）」とも呼ばれました。現在では生息地が減り、準絶滅危惧種とされています。

古い時代から愛された香り

フジバカマの葉には、桜餅に使うオオシマザクラ（P.41）と同じクマリンという香り成分が含まれます。匂い袋などに入れられて、平安貴族が身にまとう香りとしても利用されました。

なにびとか来て脱ぎかけし藤袴
来る秋ごとに野辺《のべ》をにほはす

——藤原敏行《としゆき》「古今和歌集」

「どんな人が来て（着て）、脱いで掛けていったのか。藤袴は秋が来るたびに野を彩り、よい香りを漂わせるよ。」

注 フジバカマを藤色（紫色）の袴に見立てた歌。平安時代、袴は女性が身につけるものでもあった。

花言葉	ためらい　優しい思い出
別名	ランソウ（蘭草）、アララギ（蘭）
花の色	
分類	キク科ヒヨドリバナ属
原産地	中国
開花期	8～9月

ワイン色の丸い花穂がかわいらしい

ワレモコウ

［吾亦紅・吾木香］

ころんとした卵形の花穂《かすい》に、赤茶色の小さな花がたくさん集まります。花弁はなく、花びらのように見える部分は4枚のがくです。地味な見た目の一方、花自身が「吾《われ》もまた紅《くれない》なり」と主張したという逸話から、この名前がついたとか。漢字に「香」とあてることもありますが、香りはありません。どことなく寂しげな風情が、秋の野によく似合います。

花言葉	移りゆく日々　あこがれ　変化
別名	ダンゴバナ（団子花）
花の色	●
分類	バラ科ワレモコウ属
原産地	中国、朝鮮半島、日本、シベリア、ヨーロッパ
開花期	8～10月

吾木香すすきかるかや
秋くさのさびしききはみ
君におくらむ

——若山牧水「別離」

「ワレモコウ、ススキ、カルカヤ。つつましい秋草が持つさびしさの極み。それを君に贈ろうと思う。」

注 カルカヤ（刈萱）は、ススキに似た秋草。ワレモコウは、「われも恋う」に通じる。

吾《われ》も亦《また》
紅《くれない》なりと
ひそやかに

——高浜虚子

鶏のとさかのような花

ケイトウ［鶏頭］

燃えるように鮮やかな緋色が印象的。分厚いフリルのような花の先端が、鶏のとさかに似ていることから、この名前がつきました。フリルの下に小さな花が集まり、花の一つひとつは、星形をした五弁花です。羽毛のようにふさふさとした花穂《かすい》が特徴的なウモウゲイトウなど、園芸品種も多様。ただし、秋に葉が赤く色づくハゲイトウは別種です。

「韓《から》藍《あい》」と呼ばれ親しまれる

万葉の時代から、「カラアイ（韓藍）」と呼ばれ、鮮やかな色が愛されました。外国から渡来した布を染める草という意味ですが、染色力は弱く、あまり実用化されなかったようです。

花言葉	おしゃれ　情愛　個性
別名	カラアイ（韓藍）、ケイカンカ（鶏冠花）
花の色	●◐●●○
分類	ヒユ科ケイトウ属
原産地	熱帯アジア
開花期	6～10月

秋風の吹きのこしてや鶏頭花
――与謝蕪村

鶏頭の
十四五本も
ありぬべし
――正岡子規

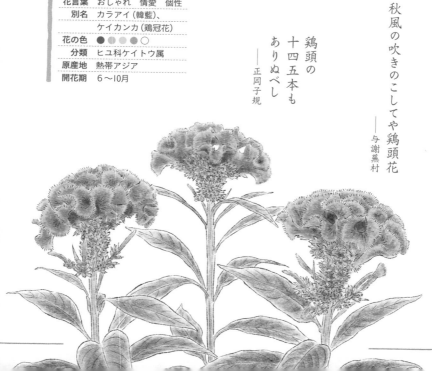

日本になじんだメキシコ原産の花

コスモス

メキシコ原産ですが、明治期に各地の小学校で栽培が広まり、日本の風土になじみました。長くしなやかな茎が風に揺れ動く姿は、秋の風物詩。公園などで一面のコスモス畑が見られる場所もあります。日照時間が短くなると咲く短日《たんじつ》植物で、秋咲きが基本。近年は早咲きの品種も生まれ、夏にも咲いています。花びらが均等に並ぶ様子から、名前はギリシャ語の「コスモス（秩序）」にちなみます。

こすもすよ
強く立てよと云ひに行く
女の子かな秋雨の中
——与謝野晶子「晶子新集」

コスモスの
花あそびをる
虚空かな
——高浜虚子

花言葉	乙女の真心　謙虚　調和
別名	アキザクラ（秋桜）、オオハルシャギク（大春車菊）
花の色	●○●●●
分類	キク科コスモス属
原産地	メキシコ
開花期	8～11月

コスモスに似た黄色い花

キバナコスモス［黄花コスモス］

コスモス（P.201）に似た、メキシコ原産の園芸植物。鮮やかな黄色系の色味が特徴で、八重咲きの品種も多く、コスモスとはまたちがう印象です。短日《たんじつ》性（P.201参照）はなく、夏から秋まで開花します。やせた土地でも育つため、こぼれ種で増え、半野生化しています。

花言葉	野性的な美しさ　自然美
別名	キバナアキザクラ（黄花秋桜）
花の色	● ● ●
分類	キク科コスモス属
原産地	メキシコ
開花期	6～10月

若葉は春の山菜となる

ヨメナ［嫁菜］

秋の野山を彩る野菊の一種で、ノコンギク（P.197）とよく似ますが、少し小型で、葉に毛がないことが特徴です。古来、春に若菜を摘み、ごはんに混ぜて「嫁菜飯《よめなめし》」にする風習があります。近縁種のカントウヨメナは、関東地方以北に分布します。

花言葉	隠れた美しさ　女性の愛情
別名	オハギ、ウハギ
花の色	○ ●
分類	キク科ヨメナ属
原産地	日本（中部地方以西）
開花期	8～10月

あかねさす紫《むらさき》野《の》行《ゆ》き標《しめ》野《の》行《ゆ》き
野《の》守《もり》は見ずや君が袖《そで》振る

——額田王《ぬかたのおおきみ》「万葉集」

「美しい紫色を染め出す紫草の生える野、立ち入りを禁じられた野を行き来したら、野の番人が見るではありませんか。あなたがしきりと私に袖を振るのを。」

注「あかねさす」は照り輝く赤色の意で、「紫」にかかる枕詞。また、「標野」は身分の高い人物以外は立ち入れない野のこと。この歌の返歌として、大海人皇子《おおあまのおうじ》の歌もよく知られる（P.134参照）。

赤い根を「茜色」の染料にした

アカネ［茜］

草原や道端に生えるつる性植物。茎にとげがあり、ほかのものに絡んで長く伸びます。茎の先に、淡い黄色で直径3㎜前後の、ごく小さな星形の花をつけます。赤褐色の根（赤《あか》根《ね》）が、名前の由来です。西洋には黄色い花を不吉とする文化があり、負のイメージを持つ花言葉はそこからついています。

花言葉	私を思ってください　誹謗
別名	アカネグサ（茜草）
花の色	○
分類	アカネ科アカネ属
原産地	日本
開花期	8～10月

茜色の語源となった植物

「茜色」は、アカネの根で染めた色のこと。夕暮れの空に似た、黄色みを帯びた沈んだ赤色です。また、色彩としてのつながりから、「茜さす」は「紫」にかかる枕詞にもなっています。

小さな黄金色の花が房状に咲く

アキノキリンソウ ［秋の麒麟草］

日当たりのよい野山に生え、秋、黄金色の小花をつけます。初夏に咲くキリンソウ（ベンケイソウ科）になぞらえて、名前がついたといわれます。細かな花が泡立つように咲くため、「アワダチソウ（泡立草）」の名も。

花言葉	虚栄心
別名	アワダチソウ（泡立草）
花の色	●
分類	キク科アキノキリンソウ属
原産地	朝鮮半島、日本
開花期	8～11月

強い繁殖力で日本中に広がる

セイタカアワダチソウ ［背高泡立草］

北米原産の帰化植物。河原や空き地に広く分布します。花後に白い泡のような綿毛をつけ、アキノキリンソウ（アワダチソウ）よりも背が高いことから名前がつきました。以前は花粉症の元凶と誤解されていましたが、虫が花粉を運ぶ虫媒花《ちゅうばいか》で、花粉は飛ばしません。

花言葉	生命力　元気
別名	セイタカアキノキリンソウ（背高秋の麒麟草）
花の色	●
分類	キク科アキノキリンソウ属
原産地	北アメリカ
開花期	10～11月

キクに似たアネモネの仲間

シュウメイギク

［秋明菊］

古く中国から渡来しました。京都の貴船《きぶね》地方で野生化したのが始まりといわれ、「キブネギク（貴船菊）」の名も。すっきりと伸びた茎が、ゆらゆらと秋風に揺れる様子に趣があります。名前に「菊」とつきますが、アネモネ（P.64）の仲間です。

花言葉	薄れゆく愛　淡い思い
別名	キブネギク（貴船菊）、アキボタン（秋牡丹）
花の色	●○
分類	キンポウゲ科イチリンソウ属
原産地	中国
開花期	８～11月

カイドウに似た花を咲かせる

シュウカイドウ

［秋海棠］

長い花茎《かけい》に垂れ下がるように咲く花の様子が、春に咲くハナカイドウ（P.68）に似ることから、名前がつきました。仏像の装飾品に似るため、「ヨウラクソウ（瓔珞草）」の名もあります。ハート形の葉が左右非対称なことから、花言葉は「片思い」。

花言葉	片思い
別名	ヨウラクソウ（瓔珞草）
花の色	●○
分類	シュウカイドウ科シュウカイドウ属
原産地	中国
開花期	９～10月

花伏して
柄に朝日さす
秋海棠
――渡辺水巴《すいは》

思いを忘れさせない花

シオン［紫苑］

秋、分岐した花茎の先に、野菊に似た薄紫の花をたくさん咲かせます。草丈は高く、2mに届くことも。忘れ草（カンゾウ、P.160）の反対で、思いを忘れさせない草といわれ、『今昔物語集』には、亡き父を忘れないために墓にシオンを植えた男の話が残ります。

花言葉	追憶　遠くの人を思う
別名	オニノシコグサ（鬼の醜草）
花の色	●○
分類	キク科シオン属
原産地	中国、朝鮮半島、日本、シベリア
開花期	8～11月

斑点を鳥の模様に見立てた

ホトトギス［杜鵑草・油点草］

山地のやや湿った斜面などに自生します。花びらの赤紫色の斑点を、鳥のホトトギスの胸の模様に見立てて名前がつきました。六弁花の中央に、雄しべと先の分かれた雌しべが噴水のように立つ、独特の姿をしています。白やピンクなどの園芸品種もあります。

花言葉	永遠にあなたのもの
花の色	●●○●
分類	ユリ科ホトトギス属
原産地	日本
開花期	9～10月

夢はいつもかへつて行つた　山の麓のさびしい村に
水引草に風が立ち
草ひばりのうたひやまない
しづまりかへつた午《ひる》さがりの林道を
――立原道造《みちぞう》「のちのおもひに」

水引のまとふべき風いでにけり
――木下夕爾《ゆうじ》

縁起のよい紅白の飾り紐のよう

ミズヒキ［水引］

道端や林の日陰に自生する野草で、観賞用に庭にも植えられます。長い花穂《かすい》に、まばらに小花をつけます。花は上から見ると赤く、下から見ると白いので、慶事の贈答品などに使う紅白の水引にたとえて、名前がつけられました。なお、黄色い花のキンミズヒキは、名前が似ていますがバラ科の別種です。

花言葉	感謝の気持ち　お祝い
別名	ミズヒキグサ（水引草）、キンセンソウ（金線草）
花の色	●○
分類	タデ科ミズヒキ属
原産地	日本を含む東アジア、インド
開花期	7～10月

釣鐘形の花がうつむきがちに咲く

ツリガネニンジン

［釣鐘人参］

日当たりのよい野山の草地に自生します。秋、うつむくように咲いた薄紫色の花を、長い花《か》茎《けい》の周りに、輪のように並べます。釣鐘形の花と、白くて太い根が朝鮮人参に似て生薬になることから、名前がつけられました。若芽は山菜になり、俗に「トトキ」と呼ばれます。

花言葉	詩的な愛
別名	ツリガネソウ（釣鐘草）、チョウチンバナ（提灯花）、トトキ
花の色	● ○
分類	キキョウ科ツリガネニンジン属
原産地	中国、日本
開花期	８～10月

風が吹いて草の露《つゆ》がバラバラとこぼれます。

つりがねそうが朝の鐘《かね》を、

「カン、カン、カンカエコ、カンコカンコカンコカン」

と鳴らしています。


――宮沢賢治「貝の火」

全体に強い毒を含む

トリカブト［鳥兜］

美しい青紫色の花を咲かせますが、草全体に猛毒のアルカロイドを含み、特に根に強い毒性があります。しばしば山の中に群生し、早春、若葉をヨモギなど山菜とまちがえて誤食する事故が起こります。花の形が烏帽《えぼ》子《し》に似ていることから、この名前がつきました。

花言葉	人嫌い　騎士道　栄光
別名	カブトギク（兜菊）
花の色	●○
分類	キンポウゲ科トリカブト属
原産地	北半球の温帯〜亜寒帯地域
開花期	9〜11月

光沢のある玉で数珠を作った

ジュズダマ［数珠玉］

雌花が入ったつぼ状の「苞鞘《ほうしょう》（花を保護する葉）」の先に、穂状の雄花をつけます。苞鞘は光沢を持ち、黒く硬く熟します。苞鞘に糸を通して数珠をつくったことが、名前の由来です。水辺などで見かける野草。ハトムギは本種の栽培種です。

花言葉	恩恵　祈り
花の色	●
分類	イネ科ジュズダマ属
原産地	東南アジア
開花期	7〜11月

古くから日本人の暮らしに寄り添う

ススキ ［芒・薄］

秋の七草の一つで、群生して風になびく様子は、日本の原風景ともいえるもの。初秋から冬にかけて、赤紫色の若い穂、銀色の穂、枯穂《かれほ》と姿を変え、それぞれに風情があります。穂が動物の尾に似るため、「オバナ（尾花）」の名前も。かつては「カヤ」と呼ばれ、屋根を葺《ふ》く材料にもなりました。人里近くには必ず、ススキを刈る「萱場《かやば》」があったそうです。

秋の野のおしなべたるをかしさは、薄こそあれ。
穂さきの蘇枋《すおう》にいと濃きが、朝露にぬれて
うちなびきたるは、さばかりの物やはある。

——清少納言「枕草子」

「秋の野の風情は総じて、ススキがあってこそのものだ。
ススキの紫がかった赤色の穂先が、朝露に濡れて風になびく姿は、
これほどすばらしいものがほかにあるだろうか。」

そのとき西のぎらぎらのちぢれた雲のあいだから、
夕陽は赤くななめに苔の野原に注ぎ、
すすきはみんな白い火のようにゆれて光りました。

——宮沢賢治「鹿《しし》踊りのはじまり」

うづら鳴く真野《まの》の入江の浜風に
尾花《おばな》波よる秋の夕暮

——源俊頼「金葉《きんよう》和歌集」

「うずらが鳴いている真野浜の入り江を吹きわたる浜風に、ススキの穂がさざ波のように寄せてくる。その秋の夕暮の風景よ。」

注「真野の入江」は琵琶湖の西南、真野川が注ぐところ。

をりとりて
はらりとおもき
すすきかな

——飯田蛇笏《だこつ》

風に乗せて種子を飛ばす

ススキには花びらがなく、多数の雄花と雌花が穂に直接つきます。やがて花は、白い綿毛のある種子になります。秋が深まると、綿毛が広がってふわふわになり、風に乗って飛んでいきます。

花言葉	心が通じる　活力
別名	オバナ(尾花)、カヤ(茅・萱)
花の色	○●
分類	イネ科ススキ属
原産地	中国、朝鮮半島、日本
開花期	8～10月

風にそよぎ秋の来訪を告げる

オギ［荻］

ススキによく似た風貌のイネ科の花で、同じく古くから和歌などに詠み込まれてきました。乾燥した場所を好むススキに対して、水辺や河原などでよく見かけます。また、ススキのように数本がまとまって株立ちすることなく、一本ずつ立つことも特徴です。

花言葉	片思い
別名	カゼキキグサ（風聞草）
花の色	○
分類	イネ科ススキ属
原産地	中国、朝鮮半島、日本
開花期	9〜10月

荻吹くや燃ゆる浅間の荒れ残り

——炭《たん》太《たい》祇《ぎ》

いつしかと荻の葉向けの片よりに
そそや秋とぞ風も聞こゆる

——崇徳院「新古今和歌集」

「いつの間にかオギの葉が、一方になびいて音を立てている。ほらほら、もう秋だよ。風の声もそう聞こえるよ。」

注 まだ穂が出ていない、初秋の荻について詠んでいる。

秋の野山で清楚な花を咲かせる

リンドウ［竜胆］

青紫色の釣鐘形の花を上向きに咲かせます。秋の野山を代表する花で、園芸品種もあります。晴れた日に開き、花びらは袋のような形で先が5つに分かれています。つぼみはソフトクリームのようにねじれているのが特徴。近縁種に、草丈が低く、春の野原に咲くフデリンドウもあります。

「ああ、りんどうの花が咲いている。
もうすっかり秋だねえ。」
カムパネルラが、窓の外を指さして云《い》いました。
線路のへりになったみじかい芝草の中に、
月長石《げっちょうせき》ででも刻まれたような、
すばらしい紫のりんどうの花が咲いていました。
——宮沢賢治「銀河鉄道の夜」

注 「月長石」は、「ムーンストーン」とも呼ばれる宝石。乳白色の光沢を持つ石で、青みを帯びた輝きを発する。

男泣きに泣かむとすれば
竜胆がわが足もとに光りて居たり
——北原白秋「桐の花」

花言葉	あなたの悲しみに寄り添う 誠実
別名	エヤミグサ（疫病草）
花の色	●
分類	リンドウ科リンドウ属
原産地	日本
開花期	8～10月

曼珠沙華一《ひと》むら燃えて秋陽《あきび》強し
そこ過ぎてゐるしづかなる径《みち》

——木下利玄《りげん》「みかんの木」

「ヒガンバナが群がり集まって、燃えるように赤く咲いている。秋の日が花たちを強く照らし出す。その傍らを、一本の道が静かに通っている。」

秋の彼岸頃に深紅の花を開く

ヒガンバナ

［彼岸花］

秋の彼岸頃に咲くので、この名前がつきました。花期が来ると突然、30㎝ほどの花茎を伸ばし、同時期に群れて咲きます。反り返った細い花びらと、長く突き出た雌しべが特徴。別名の「マンジュシャゲ（曼珠沙華）」は、仏教の伝説に現れる天界の花の名前です。墓地に咲くので「シビトバナ（死人花）」、仏像の上にかざす装飾的な覆いに似るため「テンガイバナ（天蓋花）」の名もあります。

むらがりて
いよいよ寂し
ひがんばな

——日野草城《そうじょう》

花言葉	悲しい思い出　あなたに一途
別名	マンジュシャゲ(曼珠沙華)、 シビトバナ(死人花)、 テンガイバナ(天蓋花)、リコリス
花の色	●
分類	ヒガンバナ科ヒガンバナ属
原産地	中国、日本
開花期	9月

草全体に毒を含む

全体にアルカロイド系の毒を含み、タマネギに似た球根をまちがえて食べると、嘔吐や下痢を起こします。ただし球根の毒は一日水にさらすと消え、豊富にデンプンを含むこともあり、かつては飢饉のときなどの救荒《きゅうこう》食物としても用いられたそう。

対面することのない花と葉

ヒガンバナは花の後、青々とした葉が出て春まで茂ります。花と葉を同時に見ることはありません。そのため韓国では、「花は葉を思い、葉は花を思う」として、「相思華(サンチョ)」と呼ぶそうです。

つきぬけて天上の紺曼珠沙華

——山口誓子《せいし》

木犀の
香にあけたての
障子かな

——高浜虚子

裏山の径《みち》をのぼりて
木犀の香《か》を嗅《か》ぐころぞ秋はれわたる

——斎藤茂吉「のぼり路《じ》」

「裏山の細い道をのぼっていくと、
キンモクセイの花の香りがする。
その香りを嗅ぐと、
高く晴れわたる秋空を感じる。」

離れていても甘い香りでわかる

キンモクセイ

［金木犀］

秋の初め、住宅街などでどこからともなく漂ってくるキンモクセイの香り。枝先に黄橙《きだいだい》色の小花をたくさんつけて、芳香を漂わせます。特に夜間は強く香ります。日本には花を観賞するため、花つきのよい雄株だけが導入されたといわれ、実はつきません。中国では、花を乾燥させて桂花茶《けいかちゃ》というお茶にします。九里(約35km)先まで香るように思われ、別名は「キュウリコウ(九里香)」。

花言葉	謙虚　気高い人
別名	キュウリコウ(九里香)
花の色	●
分類	モクセイ科モクセイ属
原産地	中国
開花期	10月

日陰でも丈夫に育つ

ツワブキ ［石蕗］

光沢のある大きな葉を広げ、長い茎の先にキクに似た黄色の花を開きます。花の少ない冬場の庭を彩るため、古くから観賞用に植えられてきました。本来は海岸に生え、分厚い葉は潮風に耐えるためのもの。フキに似た姿で、つやのある葉をつけるので「ツヤブキ」、転じて「ツワブキ」になったといわれます。葉柄《ようへい》は、甘辛く煮てきゃらぶきにされます。

前向きな気持ちにさせる花

寒さや日陰に強く、特別手をかけなくてもよく育ちます。冬が近づく頃、常緑の葉の間から明るい色の花を咲かせるため、花言葉は「困難に負けない」「愛よ甦れ」などと前向き。

花言葉	困難に負けない　愛よ甦れ
別名	ツヤブキ（艶蕗）、ツワ（石蕗）
花の色	●
分類	キク科ツワブキ属
原産地	中国、朝鮮半島、日本
開花期	10〜12月

山里の草のいほりに来てみれば
垣根に残るつはぶきの花

——良寛「良寛歌集」

「山里にある草葺きの小さな庵に来てみると、垣根にはツワブキの黄色い花が咲き残っていた。」

日本文化と共にある花

キク［菊］

キクは、奈良時代に中国から薬用としてもたらされ、日本で観賞用に多彩な品種が生まれました。その花の呼称もさまざまで、直径18cm以上の花は「大菊《おおぎく》」と呼ばれます。また、キクの花びらに見える部分は、それぞれ舌《ぜっ》状《じょう》花《か》という小さな花。大菊の中でも、舌状花が分厚くこんもりと盛り上がるものを「厚《あつ》物《もの》」、管《くだ》のように細長く伸びるものを「管物《くだもの》」と呼びます。また、直径9cm以上18cm未満の花は「中菊」、9cm未満は「小菊《こぎく》」、枝分かれした小菊は「スプレーギク」と呼ばれます。

みるみる三郎のからだは溶けて、煙となり、
あとには着物と草履《ぞうり》だけが残つた。
才之助は驚愕して、着物を抱き上げたら、
その下の土に、水々しい菊の苗が一本生えてゐた。

——太宰治「清貧譚《せいひんたん》」

花言葉	高貴　高潔
別名	ホシミグサ（星見草）
花の色	○●●●
分類	キク科キク属
原産地	中国
開花期	9～11月

有る程の
菊なげ入れよ
棺《かん》の中

——夏目漱石

心あてに折らばや折らむ
初霜《はつしも》のおきまどはせる白菊の花

——凡河内躬恒《おおしこうちのみつね》「古今和歌集」

「あてずっぽうに手折るというならば折ってみようか。初霜が白くおりて、その美しさが霜なのかキクなのか、見分けがつかなくなっている白菊の花を。」

菊《きっ》花《か》展は日本の秋の風物詩

秋、各地で開かれる観賞菊の展覧会。江戸時代以降、変化に富む園芸種の育成が、庶民の間でもブームになりました。太宰治の小説『清貧譚』にも、キクに夢中の男性が登場します。

果実も愛でる植物たち

季節になると美しい果実をつけ、見て楽しめる植物たち。赤や紫は鳥が好む色。実を食べて種を遠くに運びます。

赤い実をつける植物

●サンザシ［山査子］

実の時期　9～10月

初夏に白い花を咲かせるバラ科の樹木（P. 78参照）。秋に赤色の丸い実が熟します。果実は生薬となり、整腸剤として使われます。甘酸っぱい果実は生食もでき、原産地の中国では果実酒やジュース、ドライフルーツとして広く親しまれています。

●サンシュユ［山茱萸］

実の時期　10～11月

早春、鮮やかな黄色い小花を咲かせるミズキ科の樹木（P. 16参照）。秋にはつややかな赤い実を実らせ、その美しさから「アキサンゴ（秋珊瑚）」とも呼ばれます。赤く色づく紅葉も楽しめるのが魅力。乾燥させた果実は生薬となり、解熱剤などに使われます。

●マユミ［真弓］

実の時期　10〜11月

秋に朱色がかったピンク色の四角い果実が実り、熟すと中から、仮種皮《かりしゅひ》に包まれた赤色の種が現れます。錦のような紅葉が美しいニシキギの仲間で、葉も美しく紅葉します。木の質は緻密で、古くは弓の材として、現在は将棋の駒などに利用されています。

●ナナカマド［七竈］

実の時期　9〜10月

初夏に白い花を咲かせるバラ科の樹木(P.109参照)。秋には真っ赤な紅葉と共に、たくさんの赤い果実を実らせます。食用には向きませんが、ツグミやヒヨドリなどの好物。葉が落ちた真冬も実は枝先に残り、鳥たちの格好の食料になります。

●サネカズラ［実葛］

実の時期　10〜11月

マツブサ科のつる性植物。夏に咲く薄黄色の花は目立ちませんが、秋には小さな赤い実を球形に集めた果実をつけます。名前は、実《さね》が美しい葛《かずら》(つる性植物)の意味。古くは茎から得た粘液を整髪料に使ったので、「ビナンカズラ(美男葛)」の別名もあります。

●ナンテン［南天］

実の時期　11〜3月

夏に咲く白い花は目立たず、すぐに散ってしまいます(P.169参照)。冬に実らせる赤い実が美しく、「難を転じる」とかけて縁起のよい植物とされ、魔除けに庭に植えられたり、お正月飾りに用いられたりします。乾燥させた果実は、咳止め薬にも使われます。

●センリョウ［千両］

実の時期　11〜1月

センリョウ科の常緑低木。花の少ない冬に赤い果実をつけるため、縁起物として、正月の生け花などに使われます。同じく赤い実を観賞するマンリョウとは別の仲間です。葉の上に果実がかたまってつくことが特徴です。

●マンリョウ［万両］

実の時期　11〜1月

サクラソウ科の常緑低木。冬場に赤い実をつけるため、正月の縁起物として、鉢植えなどが流通します。センリョウとはちがう種で、実が葉の下に垂れ下がるようにつくことが特徴です。「ヒャクリョウ(百両)」とも呼ばれるカラタチバナ、「ジュウリョウ(十両)」と呼ばれるヤブコウジとは同種です。

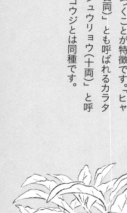

紫の実をつける植物

●コムラサキ［小紫］

実の時期　9～12月

秋、枝に紫色の光沢のある小さな実をぎっしりとつけ、枝垂《しだ》れさせます。よく似た実をつける近縁種のムラサキシキブは、枝が枝垂れず、実のつき方もまばらです。庭などによく植えられるのはコムラサキ。『源氏物語』の作者とは、直接の関係はないようです。

●ヒオウギ［檜扇］

実の時期　9～10月

夏にオレンジ色の花を咲かせる、アヤメ科の草です(P.161参照)。花の後、袋状のさやができ、熟すと割れて黒い種が出てきます。種を「ヌバタマ」と呼び、和歌では「黒」「髪」「夜」など、黒いものにかかる枕詞になります。

●ヨウシュヤマゴボウ［洋種山牛蒡］

実の時期　6～9月

北アメリカ原産の、ヤマゴボウ科の多年草。夏、小さなブドウのような果実が実ります。果汁の色が濃いので染料としても使われ、英名は「インクベリー」。鳥は果実を食べますが、人間には有毒なので、誤食に注意しましょう。

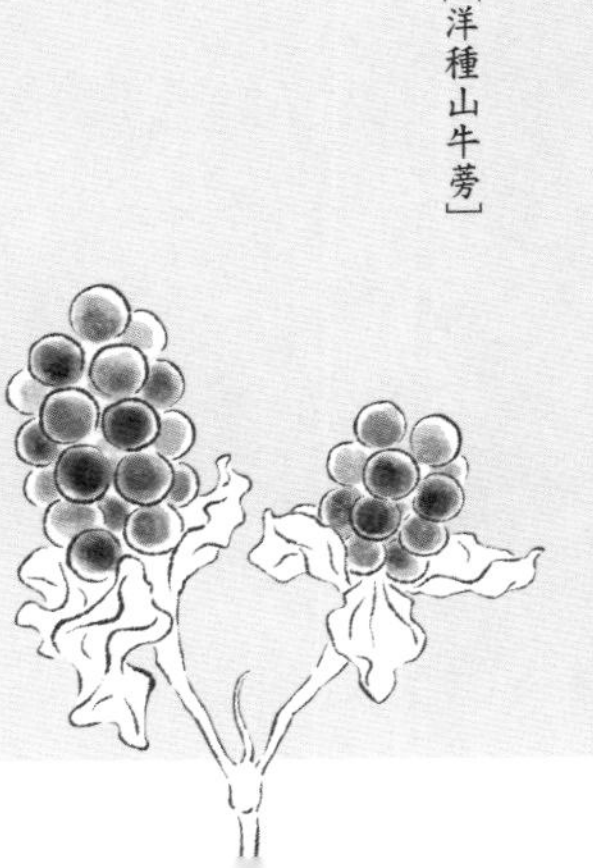

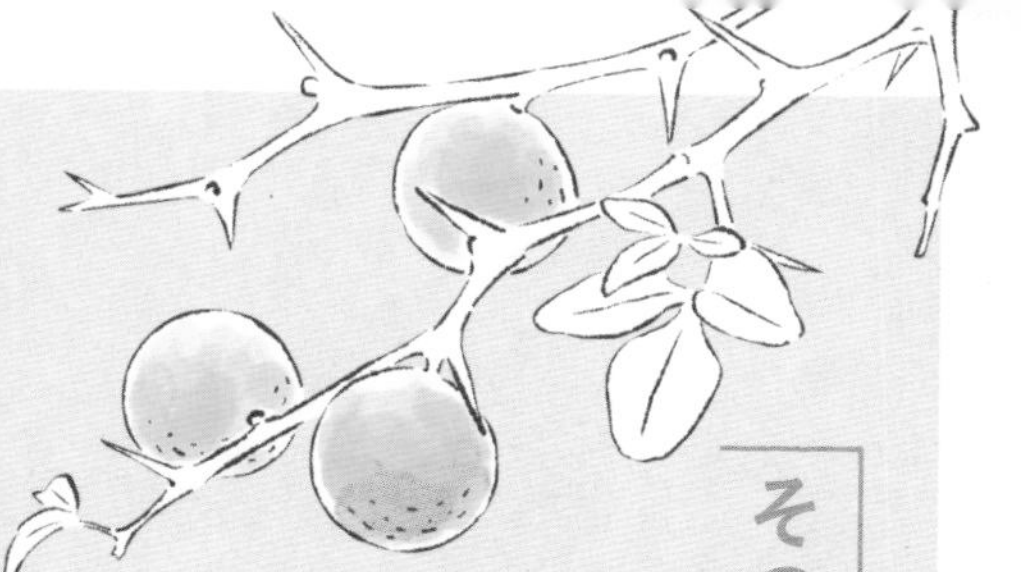

そのほかの色の実をつける植物

●カラタチ［枸橘］

実の時期　10月

春、白い小さな花を咲かせるミカン科の樹木(P.74参照)。とげのある緑の枝が特徴です。10月頃、直径3㎝前後のミカンに似た丸い実をつけますが、苦みが強くて食べられません。古くは未熟な実を胃の薬に用いたそう。

●カラスウリ［烏瓜］

実の時期　10〜12月

夏の夜、幻想的な雰囲気の白い花を咲かせるウリ科の植物(P.177参照)。秋に実る果実は、童謡「まっかな秋」にも登場する鮮やかな朱色。中身をくりぬけば提灯づくりも楽しめます。果肉はほんのり甘く、鳥の大好物です。

●イチョウ［銀杏］

実の時期　10〜11月

黄色く色づく葉とまっすぐな樹形が美しい樹木。種子はギンナンと呼ばれ、外側のやわらかい部分(外種皮《がいしゅひ》)がつぶれるとくさい匂いがします。外種皮の中にある硬い殻(中種皮《ちゅうしゅひ》)のさらに中、やわらかい胚乳《はいにゅう》が可食部です。

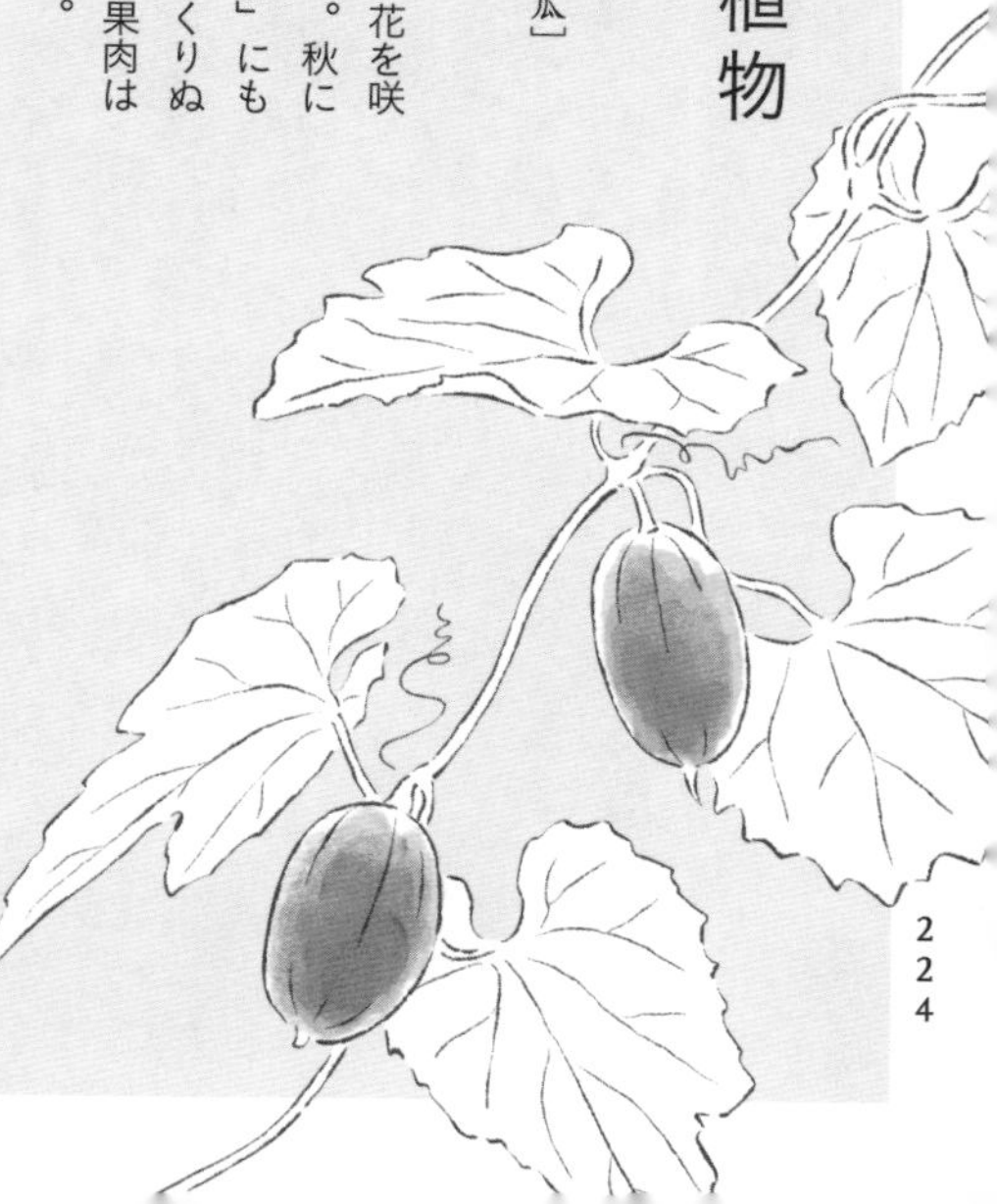

冬

凍てつく寒さの中で、
木や草の多くは葉を落とし、眠りについています。
冬景色の中、健気に咲く花の美しさは、
寒い季節だからこそ、より心を温めます。

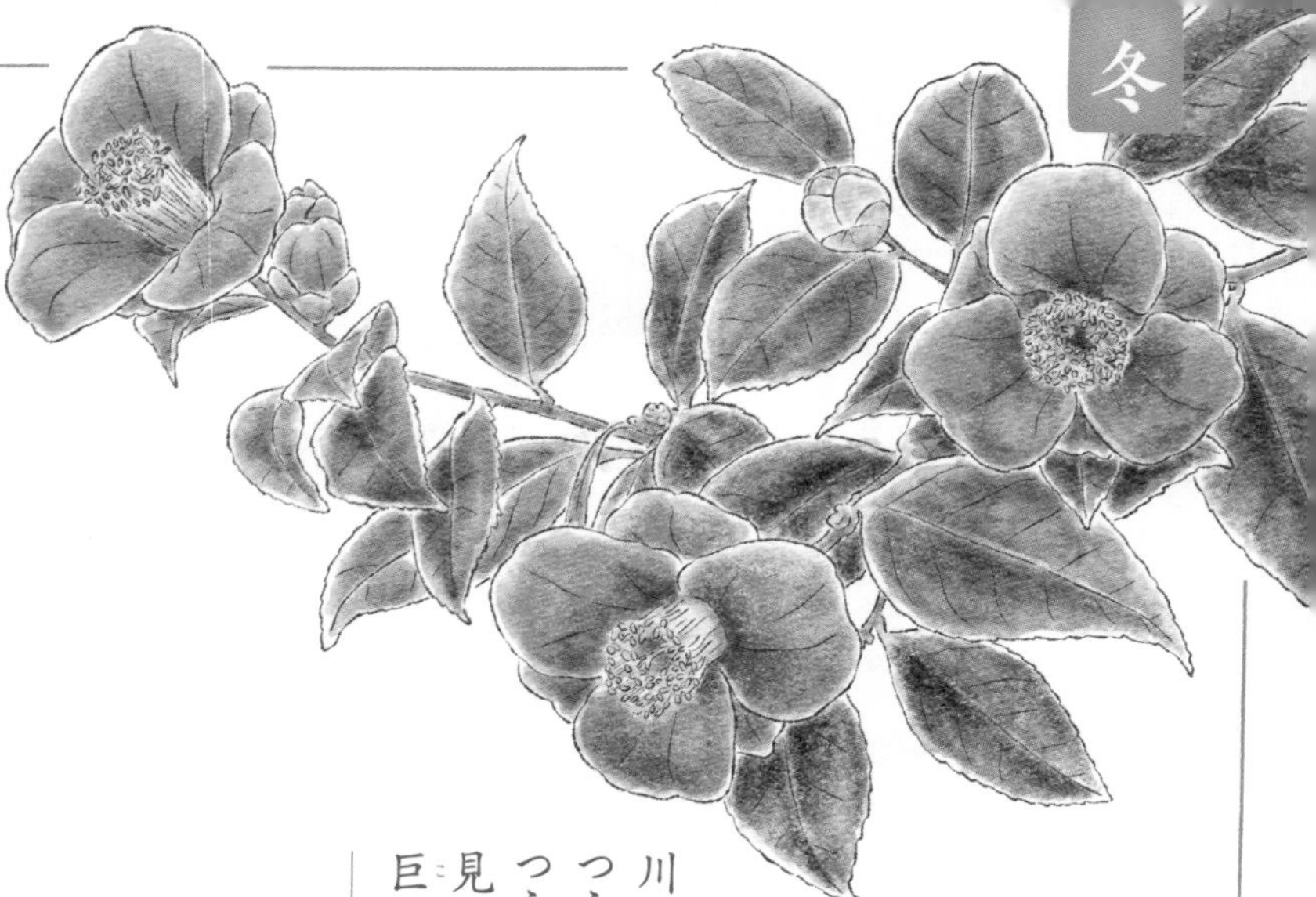

冬枯れの中にあでやかな花がまぶしい

ツバキ

［椿・海石榴］

花の少ない冬に大きな花を咲かせ、鮮やかな赤色が庭を華やがせます。日本原産の園芸植物で、ツバキ科の中でも野生の「ヤブツバキ（藪椿）」を原種とするものを、特にツバキと呼びます。名前の由来は、つやのある葉をつけるためといわれます。種を搾れば、頭髪用・食用になる椿油がとれます。中央にある筒状の雄しべと花びらの基部がしっかりつながっているため、散るときも花びらがバラバラにならず、花ごとぽろりと落ちます。

川の上《へ》の
つらつら椿
つらつらに
見れども飽かず
巨勢《こせ》の春《はる》野《の》は
——春日蔵首老《かすがのくらのおびとおゆ》「万葉集」

「川のほとりにツバキが連なって咲いている。巨勢の春の野は、どんなに見ても飽きることがない。」

注 「巨勢」は現在の奈良県御所市古瀬と考えられ、現在も椿の名所。「つらつら椿」は、『万葉集』でよく用いられる言い回し。繰り返しのリズムを味わいたい。

花言葉	完全な愛　控えめな優しさ
別名	ヤブツバキ（藪椿）、タマツバキ（玉椿）
花の色	●○●
分類	ツバキ科ツバキ属
原産地	日本、中国、朝鮮半島
開花期	11～翌4月

日本原産の華麗な花

常緑で生命力が強く、早い春を告げる花でもあるツバキは、古代の日本では神聖な木として崇められました。18世紀にヨーロッパに渡って一大ブームを起こし、やがてデュマの小説『椿姫』も生まれました。

赤い色で鳥を呼ぶ

蜜は花の深いところにあるため、虫では届かず、メジロやヒヨドリなどの鳥が蜜を吸って花粉を運ぶ鳥媒花《ちょうばいか》です。他に食物が少ない冬に、目立つ色の花を咲かせて鳥を呼びます。

椿落ちて
昨日の雨をこぼしけり
——与謝蕪村

寒《かん》つばき
深紅に咲ける
小《ち》さき花
冬木の庭の瞳のごとき
——窪田空穂《うつぼ》「去年の雪」

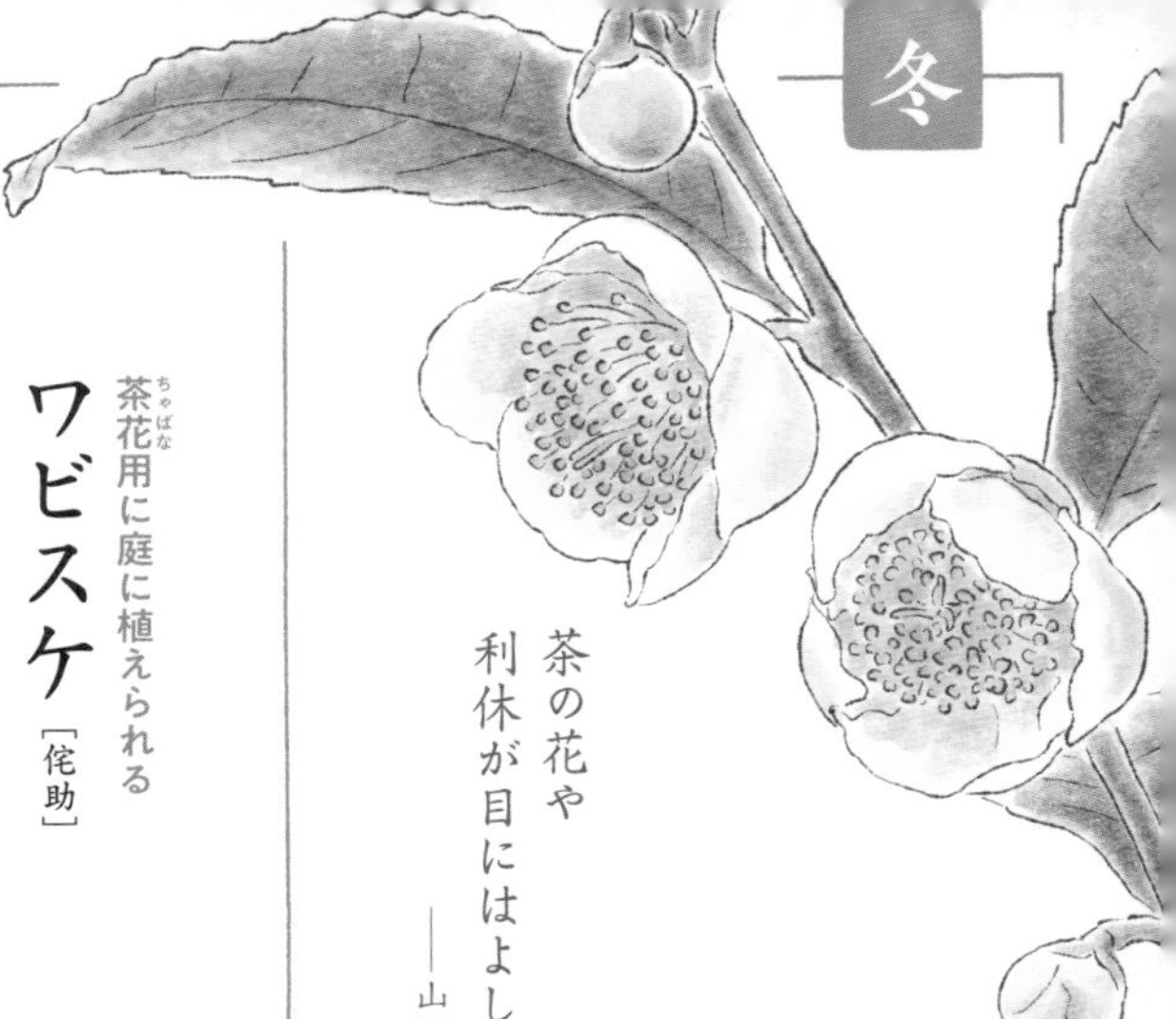

茶の花や
利休が目にはよしの山
——山口素堂《そどう》

若芽を摘んでお茶にする
チャノキ［茶の木］

名前の通り、葉はお茶になり、加工次第で緑茶や紅茶、ウーロン茶になります。5月の八十八夜に一番茶を収穫します。晩秋に白い小ぶりの花を咲かせますが、お茶農家では、翌年の葉に栄養を行き渡らせるため、つぼみで刈り取ってしまうことが多いそう。

花言葉	追憶
別名	チャ（茶）
花の色	○
分類	ツバキ科ツバキ属
原産地	中国、インド
開花期	10～12月

茶花《ちゃばな》用に庭に植えられる
ワビスケ［侘助］

ツバキ（P.226）の雑種で、花は直径3㎝ほどと小ぶり。花色は白やピンクが基本で、花びらが開ききらずお猪口《ちょこ》のような形に咲きます。「侘《わび》」と「好《すき》（数寄《すき》）」を合わせた名前ともいわれます。上品なたたずまいで、茶室の床《とこ》に生ける茶花の代表的な存在です。

花言葉	控えめ　簡素
花の色	○ ● ● ● 複色
分類	ツバキ科ツバキ属
原産地	中国、朝鮮半島
開花期	11～翌3月

花言葉	ひたむきな愛
	困難に打ち勝つ
別名	サンザカ（山茶花）
花の色	○ ● ●
分類	ツバキ科ツバキ属
原産地	日本
開花期	10〜翌2月

旅人と我名《わがな》よばれん初しぐれ
又山茶花を宿々《やどやど》にして
——「笈《おい》の小文《こぶみ》」

「初時雨の季節になった。
私は出立し、これから旅人と呼ばれるようになるのだ。
そうしてサザンカの咲く宿を泊まり歩いていく。」

注 芭蕉が旅に出る前の、餞別の会で詠まれた。
芭蕉が発句（五七五）を詠み、同席した井出由之《ゆうし》が脇句（七七）をつけた。
「時雨」は冬の初め、降ってはすぐ止むような雨のこと。

山茶花や
雀《すずめ》顔出す
花の中
——松岡青蘿《せいら》

花びらが一枚ずつ散り落ちる

サザンカ［山茶花］

日本原産のツバキ科の花。基本的な性質はツバキ(P.226)と似ますが、花が終わると花びらが一枚ずつ散ることが特徴です。また、春まで咲くツバキとちがい、シーズンは晩秋から冬にかけて。赤い花は栽培品種で、野生の花は白色です。ツバキの漢名「山茶花《さんざか》」が本種の名前として定着し、「サンザカ」→「サザンカ」と変化したといわれます。

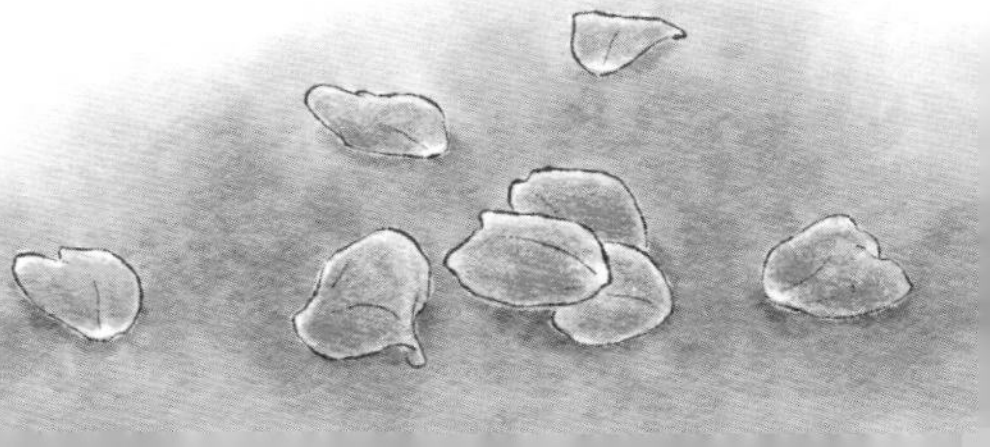

フォーマルシーンに欠かせない

カトレア

世界に10万種以上といわれるランの品種の中でも、代表的な品種の一つ。花の名は、最初の栽培に成功したイギリスの園芸家・カトレー氏にちなみます。洋ランの中でもひときわ大きく、「洋ランの女王」とも呼ばれます。

花言葉	優美な貴婦人　魅惑的
別名	カトレヤ
花の色	●●○●●
分類	ラン科カトレア属
原産地	熱帯アメリカ
開花期	通年、最盛期は10〜翌２月

蝶が舞うような花の姿

コチョウラン［胡蝶蘭］

蝶に似た花の姿から、幸福が舞い込むというイメージが生まれ、ウエディングの花として人気です。また、鉢植えは「幸せが根づく」という意味が込められ、新築や転居のお祝い品としても定番。鉢植えの花は長持ちし、１カ月以上楽しめます。

花言葉	純粋な愛　幸福がやって来る
別名	ファレノプシス
花の色	○●●●●
分類	ラン科コチョウラン属
原産地	東南アジア
開花期	通年（温室）

クリスマスにぴったりの色合い

ポインセチア

12月頃に赤く色づき、クリスマス飾りとして広く使われます。赤い大きな花びらに見える部分は、葉が変化した「苞《ほう》」。黄色い花が、苞の中心で小さく咲いています。別名は、サルに似た伝説上の生き物「猩々《しょうじょう》」に、赤い苞をなぞらえたもの。

花言葉	祝福　聖夜
別名	ショウジョウボク（猩々木）
花の色	●○●
分類	トウダイグサ科トウダイグサ属
原産地	メキシコ
開花期	11～翌2月

シクラメン
花のうれひを
葉にわかち
——久保田万太郎

冬に出回る鉢植えの定番

シクラメン

冬から春の間、ハート形の葉の間から花茎《かけい》を伸ばし、次々と花を咲かせます。花びらは裏返したように反り返り、下向きに咲きます。燃え立つような赤い花の様子から、別名は「カガリビバナ」。球根の様子から、「ブタノマンジュウ」の名も。

花言葉	内気　はにかみ
別名	カガリビバナ（篝火花）、ブタノマンジュウ（豚の饅頭）
花の色	●○●
分類	サクラソウ科シクラメン属
原産地	地中海沿岸
開花期	12～翌4月

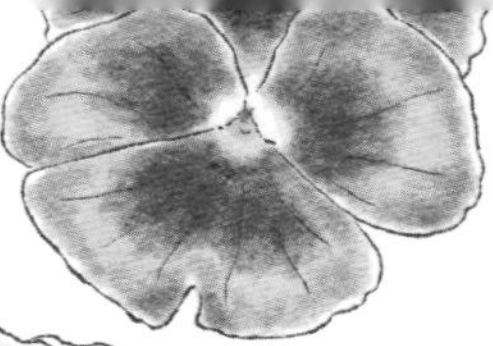

品種改良で冬の庭を彩るように

パンジー、ビオラ

晩秋から春まで咲き続け、冬の花壇の彩りになくてはならない存在です。ヨーロッパの野生種が原種で、以前は大輪のものをパンジー、小輪《しょうりん》をビオラと呼んで区別しましたが、現在では交雑が複雑化し、小輪のパンジーも出回るなど、区別できなくなっています。

物思いに沈む人の顔

パンジーの名前は、うつむいて咲く姿が物思いに沈む人に見えることから、フランス語の「パンセ(思考)」に由来します。花の中央付近にある黒い模様が、人の顔のようにも見えます。

花言葉	物思い　思い出
別名	サンシキスミレ(三色菫)
花の色	○ ● ● ● ● ● ●
分類	スミレ科スミレ属
原産地	ヨーロッパ
開花期	11～翌5月

クロッカス
光を貯めて
咲きにけり
——草間時彦

春を目前にまばゆく花開く

クロッカス

春が近づくと、細長い葉の間から短い花茎を伸ばし、黄色や紫など、明るい色の花を咲かせます。小型の球根植物で、ヒアシンス(P.19)と同様に水栽培も可能です。同種で秋咲きのものはサフランと呼ばれ、染料や料理などにも利用されます。

花言葉	青春の喜び
別名	ハナサフラン(花サフラン)、サフラン
花の色	● ○ ● 複色
分類	アヤメ科サフラン属
原産地	地中海沿岸
開花期	2～4月、秋咲きは10～11月

シックな色合いの花が人気

クリスマスローズ

「冬の貴婦人」とも呼ばれる花。美しい花びらに見えるのは、大きながくです。ヨーロッパの原種は12月頃咲きますが、日本に出回るのはヘレボルス・オリエンタリスと呼ばれる種で、2月頃から花を咲かせ始めます。

花言葉	私の不安をやわらげて　慰め
別名	レンテンローズ
花の色	● ● ○ ●
分類	キンポウゲ科クリスマスローズ属
原産地	ヨーロッパ
開花期	12～4月

冬木に混じって白い小花をつける

ヤツデ

［八手］

日ざしの少ない場所でも生長する陰樹《いんじゅ》の一つ。光沢のある大きな葉には深い切れ込みが入り、その見た目から「テングノハウチワ（天狗の羽《は》団扇《うちわ》）」とも呼ばれます。初冬、白い小花がピンポン玉のように集まって咲き、花の少ない冬の庭でよく目立ちます。

花言葉	分別　親しみ
別名	テングノハウチワ（天狗の羽団扇）
花の色	○
分類	ウコギ科ヤツデ属
原産地	日本
開花期	11〜12月

八つ手散る楽譜の音符散るごとく
——竹下しづの女

目立たないけれどよい香りの花

ビワ

［枇杷］

6月頃に実るオレンジ色の果実でおなじみの樹木です。冬に咲く白い小花は控えめで目立ちませんが、とてもよい香りがするため、鳥のメジロや蜂が蜜を求めてやって来ます。果皮の表面と同様に、茶色いがくも、短くやわらかい毛で覆われています。

花言葉	治癒　温和
花の色	○
分類	バラ科ビワ属
原産地	中国
開花期	11〜12月

透き通るような花びらと芳香

ロウバイ［蠟梅］

春の訪れを予告するように、厳寒期に甘い香りの花を開きます。蠟細工のように硬く透き通った花と、梅に似た姿が名前の由来といわれます。江戸時代に中国から渡来し、生け花・茶花《ちゃばな》にも欠かせない存在になりました。本来は花びらの外側が黄色で内側が赤紫色ですが、よく目にする品種のソシンロウバイ（素心蠟梅）は花びら全体が黄色です。

花言葉	奥ゆかしさ　慈愛
別名	カラウメ（唐梅）
花の色	● 複色
分類	ロウバイ科ロウバイ属
原産地	中国
開花期	1～2月

蠟梅や
雪うち透《すか》す
枝のたけ
——芥川龍之介

「庭のロウバイが咲いた。
雪を透き通らせて、
すっと伸びた枝に咲く、
琥珀色の花は、儚く美しい。」

しらしらと障子を透《とお》す冬の日や
室《へや》に人なく臘梅の花
——窪田空穂《うつぼ》「青朽葉《あおくちば》」

「障子を通して白い日ざしが差しこむ冬のある日。
人気のない部屋に、ロウバイの花だけが静かに香っている。」

野趣と気品にあふれる花姿

スイセン［水仙］

古くシルクロード経由で、ヨーロッパから伝わった花です。園芸品種も多く、花の大きさ・咲き方もさまざまですが、古くから日本で親しまれてきた品種は、白い花弁の中心に黄色いカップ状の花弁(副花冠《ふくかかん》)があるニホンズイセン。寒中に咲くため、「セッチュウカ(雪中花)」の名前もあります。ただし、副花冠がラッパ状に広がるラッパズイセンの花期は3〜4月。いずれも夏には地上部が枯れて休眠し、秋から冬に生育します。

白鳥が生みたるもののここちして
朝夕めづる水仙の花

——与謝野晶子「草の夢」

「この白さを見ていると、白鳥が生んだものではないかという思いがしてくる、朝に夕にと愛でたくなるスイセンの花よ。」

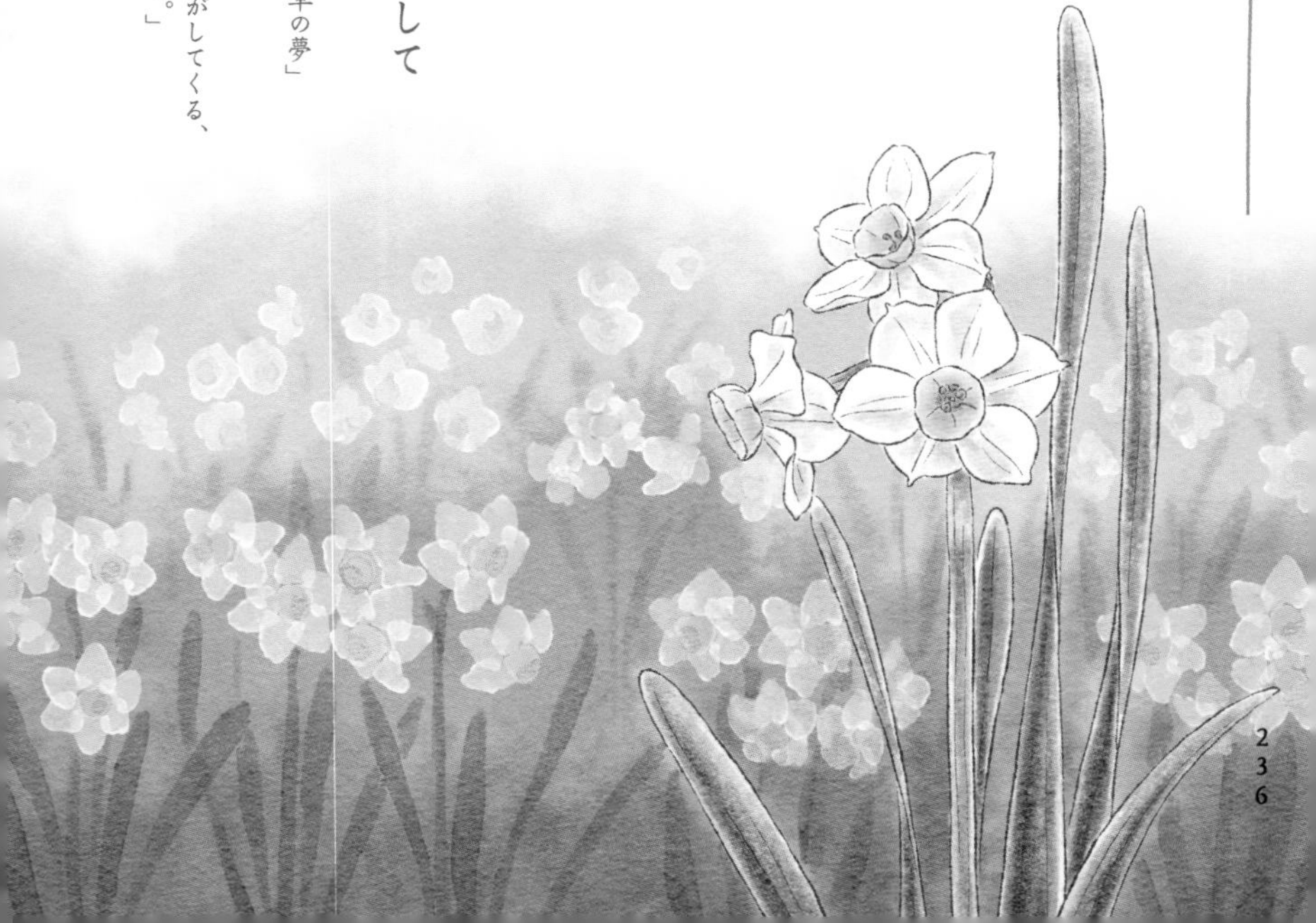

水仙や古鏡《こきょう》の如《ごと》く花をかかぐ
——松本たかし

「スイセンの花を高くかかげて見つめてみる。大昔の人々が、古代の鏡にその姿を映したように。」

其《そ》のにほひ桃より白し水仙花
——松尾芭蕉

美少年にたとえられる美しさ

ギリシャ神話でのスイセンは、美少年・ナルキッソスの化身。彼は女神・ネメシスの力で、泉に映る自分の姿に恋焦がれ、とうとう水辺に咲くスイセンの花になってしまいます。ナルキッソスの伝説は、自己陶酔型の人物を表す「ナルシスト」の語源です。

日本各地で群落をつくる

淡路島や越前海岸、房総半島など、日本各地にスイセンの名所があり、温暖な地域の山の斜面や海辺に大群落をつくります。球根が分かれて増えていくため、野生の群生地も多くあります。

花言葉	うぬぼれ　自己愛
別名	セッチュウカ（雪中花）、ナルシサス
花の色	○ ●
分類	ヒガンバナ科スイセン属
原産地	ヨーロッパ、北アフリカ
開花期	12～翌4月

葉の美しさを鑑賞する

ハボタン［葉牡丹］

元はオランダから食用として渡来したキャベツの仲間。日本で観賞用に改良されました。花びらのような葉が丸く集まる様は、ボタン(P.80)に似た美しさ。寒さと共に葉が色づき、お正月飾りにも使われます。春には花《か》茎《けい》が伸び、ナノハナ(P.26)のような黄色い花が咲きます。

花言葉	祝福　利益
別名	オランダナ(阿蘭陀菜)、ボタンナ(牡丹菜)
花の色	●
分類	アブラナ科アブラナ属
原産地	ヨーロッパ
開花期	4～5月

旧暦の正月頃に花開く

フクジュソウ［福寿草］

旧暦の元旦(現在の1月末～2月初旬)の頃、黄金色の花を咲かせることから、おめでたいイメージと結びついた名前です。現在もお正月の飾り花として出回りますが、促成栽培で早く咲かせたものです。

花言葉	幸せを招く
別名	ガンジツソウ(元日草)、ツイタチソウ(朔日草)、ホウシュンカ(報春花)
花の色	●
分類	キンポウゲ科フクジュソウ属
原産地	中国、朝鮮半島、日本、シベリア
開花期	2～4月

光琳の
屏風に咲くや
福寿草
——夏目漱石

雪を割って可憐な花が現れる

スハマソウ［洲浜草］

山地の雪を割って花を咲かせ、早い春を告げます。一枚の葉が3方向に分かれてつく様子が、婚礼などで使われる「州浜《すはま》台」に似るため、つけられた名前です。中でも葉先がとがり、三角形に見える種は「ミスミソウ(三角草)」とも呼ばれます。

花言葉	忍耐　自信
別名	ユキワリソウ(雪割草)、ミスミソウ(三角草)
花の色	○ ● ● ●
分類	キンポウゲ科イチリンソウ属
原産地	日本
開花期	2～4月

節分の頃に一斉に咲く

セツブンソウ［節分草］

ほかの草木に先がけ、節分の頃に花開きます。白い花弁に見えるものはがく片で、円を描いて並ぶ黄色い部分が本来の花弁。蜜腺のみが残る独特な形です。中央に紫色の雄しべと雌しべが集まります。ときに大群落を形成し、山中の春を告げます。

花言葉	光輝《こうき》
花の色	○
分類	キンポウゲ科セツブンソウ属
原産地	日本
開花期	2～3月

いち早く花を開き春を告げる

ウメ［梅］

寒さが残る時期、葉が出る前の枝に丸い五弁花を咲かせます。春を告げるように花開くことから「ハルツゲグサ(春告草)」、春風を待って咲くので「カゼマチグサ(風待草)」の名もあります。『万葉集』に入るウメの歌は119首を数え、奈良時代には「花」=ウメでしたが、平安時代にその座をサクラにゆずりました。以降も、ほかの花に先立って咲く「花の兄」として愛されてきました。

わが園《その》に梅の花散る
ひさかたの天《あめ》より雪の流れ来るかも

——大伴旅人《たびと》「万葉集」

「春を迎え、みなで集うこの庭にウメの花が散っている。天から雪が流れて落ちてくるとでもいうのか。」

学問と結びつく花

菅原道真も愛したというウメ。「コウブンボク（好文木）」という別名は、古代中国の晋《しん》の武帝《ぶてい》（司馬炎《しばえん》）が、学問に励むときには花が開き、怠るときには散ったという伝承に由来します。

おめでたい「松竹梅《しょうちくばい》」の一つ

厳寒の中に緑を保つマツとタケ、そして花を咲かせるウメは、古来「歳寒三《さいかんさん》友《ゆう》」とされ、おめでたさの象徴。松竹梅として、お祝いの席や新年の飾り物などに取り入れられています。

春の夜の
闇はあやなし
梅の花
色こそ見えね
香やは隠るる

――凡河内《おおしこうちの》躬恒《みつね》「古今和歌集」

「春の夜の闇はわけがわからない。
ウメの花の色を
隠してしまったけれど、
かぐわしい香りは
隠しようもなく香ってくるよ。」

梅一輪
一輪ほどの暖かさ

――服部嵐雪《らんせつ》

「ウメの花が一輪、また一輪と咲くごとに、
暖かさが増していくよ。」

注 一輪だけ咲く梅に対して、
「一輪ほどの」暖かさを感じるというとらえ方もある。

花言葉	高潔　澄んだ心　忠義　潔白　忍耐
別名	コウブンボク（好文木）、 ハルツゲグサ（春告草）、カゼマチグサ（風待草）
花の色	○●●
分類	バラ科モモ属
原産地	中国
開花期	1～3月

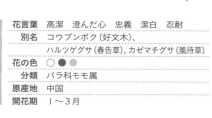

サクラにまつわることば

サクラを「花」と呼ぶようになったのは、平安時代の頃。人々がその美しさを愛するがゆえに、多くの言葉が生まれました。

季語…季語になる言葉

遅桜《おそざくら》 季語

ほかのサクラが終わる頃に咲く、遅咲きのサクラ。地域的な差は関係ない。

花雨《かう》

花びらが雨のように散る様子。特に天上から降る花を指し、神の加護のしるしとする。または、サクラの咲く時期に降り、花に降りかかる雨のこと。

右近の橘、左近の桜《うこんのたちばな さこんのさくら》

京都御所の紫宸殿《ししんでん》の東西に植えられた2本の木。儀式の際には、サクラの近くに左近衛《さこんえ》が、タチバナの近くに右近衛《うこんえ》が、それぞれ陣を敷いたことから名づけられた。元はウメが植わっていたが、桓武天皇の時代にサクラに植え替えらえたという。

徒花《あだばな》

すぐに散ってしまうサクラの花のこと。儚い恋のたとえにもなる。また、咲いても実を結ばずに散る花のこと。

言わぬが花《いわぬがはな》

口に出して言わない方が趣深く、差し障りがなくよいこと。はっきり言ってしまうと身も蓋《ふた》もないこと。

帰り花 かえりばな 季語

冬の小春日和に誘われて、一輪二輪と咲く、季節外れの花のこと。サクラをはじめ、ヤマブキ、ツツジなどの場合も。

花鳥風月 かちょうふうげつ

四季の自然の美しい風物。また、その風流を楽しむこと。花と鳥は自然の、風と月は自然の風景の代表とされる。

寒桜 かんざくら 季語

九州や沖縄などの暖かい土地で、2月頃から咲く開花期のとても早いサクラ。ヒカンザクラを指すこともある。

心の花 こころのはな

変わりやすい人の心を、移ろいやすい花にたとえた言葉。多くは愛情についていう。また、美しい心のたとえ。

梢の雲 こずえのくも

梢いっぱいに咲く満開のサクラを、雲にたとえた言葉。花を降り積もった雪に見立てて、「梢の雪」ということもある。

木の花 このはな

木に咲く花のことで、代表はサクラまたはウメ。日本神話に登場する「木花《このはなの》開耶姫《さくやひめ》」はサクラの化身とされ、春をもたらす女神。山の神の娘であることから、富士山をご神体とする各地の浅《せん》間《げん》神社にも祀られている。

桜狩《さくらがり》 季語

山野を訪ね歩き、花を鑑賞すること。宴を伴いにぎやかに行われる「花見」よりも、風雅を求める雰囲気がある。

桜切る馬鹿、梅切らぬ馬鹿《さくらきるばか うめきらぬばか》

花木の剪定の心得。サクラは枝を切ると木が弱ることが多く、なるべく切らない方がいいが、ウメは余分な枝を切らないと花実がつかなくなる。その花ごとに世話するべきだということ。

桜時《さくらどき》 季語

花の盛りの頃。「花時《はなどき》」ともいう。花がほとんど散った頃は「花過ぎ」。

桜湯《さくらゆ》 季語

桜漬《さくらづけ》(ヤエザクラの花の塩漬け)に熱湯を注いで飲む。湯を注ぐと花が開き、香りが立つ。祝いの席などに使う。

残花《ざんか》 季語

春の終わりになっても咲き残るサクラの花のこと。盛りを過ぎた寂しさが漂う。初夏になって咲く花は「余花《よか》」。

時分の花、誠の花《じぶんのはな まことのはな》

能楽師の世阿弥《ぜあみ》が『風姿花伝《ふうしかでん》』で説いた、稽古の心得に基づく言葉。子どもの時分はどんな仕草も幽玄に見えるけれど、それは時期が過ぎれば失われる「時分の花」。長年の稽古と鍛錬でたどり着く「誠の花」ではないということ。

雪月花《せつげっか》

四季折々の風物の中で、最も趣があるとされるもの。代表的なものとして、春のサクラ、秋の月、冬の雪。

千本桜《せんぼんざくら》

多くのサクラが生える場所。奈良県の吉野山が有名で、「一目《ひとめ》千本(千本のサクラが一望できる)」ともいわれる。

初花　はつはな　季語

その年の春、初めて咲いたサクラのこと。一輪二輪と枝を彩る姿が初々しい。

花明り　はなあかり　季語

「雪明り」と同じく、咲き誇るサクラの花の白さで、夜でも辺りがほの明るく感じられること。夜間のライトアップなどがなかった時代ならではの趣。

花筏　はないかだ　季語

川や池の水面に、散ったサクラの花びらが集まり、漂う様子を筏にたとえた言葉。または花びらが散りかかる筏。

花篝　はなかがり　季語

夜桜を照らすために焚く篝火。サクラの名所で焚かれる。夜桜見物の趣が増し、京都・祇園の円山《まるやま》公園が特に有名。

花霞　はながすみ

満開の桜を遠望すると、霞がかかったようにぼうっと煙って見える様子。

花曇　はなぐもり　季語

サクラの咲く頃の曇り空。不安定な天候が続く時期で、花の白さが続いていくような、白く曇った空が広がる。

花衣　はなごろも　季語

花見のときに着て行く女性の衣装。昔はその日のために晴れ着を用意した。特に江戸時代は華美なものが多かったそう。現在では、花見の際の服装全般を指す。

花衣ぬぐやまつはる紐いろいろ
——杉田久女《ひさじょ》

花逍遥《はなしょうよう》

花を見ながらあちこち散歩すること。花の季節の楽しみの一つ。

花疲れ《はなづかれ》 季語

花見の後の疲れ。花見は、「花衣《はなごろも》」（P.245）を着て出かける心浮き立つものであると同時に、人出が多く気候も不安定な時期だけに疲れやすい。花の美しさの余韻にひたりながら、けだるい気持ちを味わう。

花盗人は、風流のうち《はなぬすびとは ふうりゅうのうち》

美しい花をつい手折ってしまうのは風流のうちで、とがめるほどのものではないということ。

花の雲《はなのくも》 季語

サクラの木が幾重にも重なり合い、爛漫と咲き誇って、その梢が遠くから見ると白い雲のように見える景色。

花の雲鐘は上野か浅草か
――松尾芭蕉

花の下の半日の客《はなのもとの はんじつのかく》

半日の間ではあるが、サクラの下で共に過ごした人のこと。短時間でも風雅の時を共にした者同士の交流を表す言葉。「月の前の一夜の友」と対になる。

花冷え《はなびえ》 季語

サクラの咲く頃、急に冷え込むことがある。暖かくなってからの冷え込み。

花発いて風雨多し《はなひらいて ふううおおし》

よいことは長く続かず、邪魔が入りやすいというたとえ。古代中国の詩「花発《ひら》きて風雨多し、人生別離《べつり》に足る（花が咲く頃には風や雨が多い、人の世も別ればかりだ）」が原典。「花に嵐」ともいう。

花筵《はなむしろ》 季語

花見のために敷いた筵。現在ではゴザやビニールシートがそれにあたる。

飛花《ひか》 季語

散り落ちるサクラの花びら。「落花」ともいう。散り落ちたものは「花の塵《ちり》」。

秘すれば花なり《ひすればはななり》

隠すということの中にこそ感動がある、ということ。能楽師の世阿弥《ぜあみ》が『風姿花伝《ふうしかでん》』で説く言葉から。「秘すれば花なり、秘せずば花なるべからず（秘密にすれば花となり、秘密にしないと花にはならない）」。観客に思いもよらぬ感動を与えることこそ「花」とする。

三日見ぬ間の桜《みっかみぬまのさくら》

世の中の移り変わりが早いことのたとえ。咲いたと思えば散っていくサクラの様子に、一喜一憂する心の変化をも表す。

世の中は三日見ぬ間の桜かな
――大島蓼太《りょうた》

余花《よか》 季語

初夏に咲き残っているサクラの花。山間などで、周囲の青葉に混じって咲く。

余花に逢ふ再び逢ひし人のごと
――高浜虚子

落花枝に帰らず《らっかえだにかえらず》

散った花が二度と枝に戻らないように、過ぎ去った時は元に戻らないことのたとえ。「破鏡《はきょう》再び照らさず」と対になる。

落花流水《らっかりゅうすい》

散り落ちた花びらと流れる水。散った花びらは流れにのっていきたいと思い、流水は落花をのせて流れたいと思う。転じて、男女が互いに思い合うこと。

総さくいん

草花の名前を
五十音順に並べています。
色つきの文字は
別名または別種として
紹介している名前です。

ア

アイバナ……145
アイリス……086
アオヤギ……088
アカシア……110
アカネ……203
アカネグサ……203
アカバナユウゲショウ……125
アカマツ……096
アカマンマ……141
アキザクラ……201
アキサンゴ……016・220
アキノキリンソウ……204
アキボタン……205
アケビ……013
アサガオ……156
アサガオ……144
アサギズイセン……032
アシ……178
アジサイ……128
アシビ……012
アズサ……089
アセビ……012
アツモリソウ……056
アネモネ……064
アブラナ……026
アプリコット……037
アマリリス……066
アメリカシャクナゲ……101
アメリカヤマボウシ……068
アヤメ……099
アヤメグサ……100
アラセイトウ……030
アララギ……198
アワダチソウ……204
アワバナ……196
アンズ……037
イカダカズラ……147
イケミグサ……154
イシャイラズ……163
イチハツ……087
イチョウ……224
イトクリソウ……103
イヌタデ……141
イネ……181
インクベリー……223
ウコンコウ……062
ウシハコベ……023
ウスベニアオイ……171
ウツギ……104
ウノハナ……104
ウハギ……202
ウマクワズ……012
ウマゴヤシ……045
ウマノアシガタ……047
ウマビユ……132
ウメ……240
ウモウゲイトウ……200
ウラミグサ……182
エニシダ……078
エノコロヤナギ……011
エビスグサ……079
エヤミグサ……213
エルダーフラワー……075
エンビ……087
エンメイギク……061
オウチ……106
オオアラセイトウ……030
オオイヌノフグリ……025
オオシマザクラ……041

オオセンボンヤリ……065
オオデマリ……077
オオバコ……122
オオハルシャギク……201
オオハンゴンソウ……173
オオマツユキソウ……018
オオマツヨイグサ……126
オオムギ……113
オオムラサキ……070
オギ……212
オキナグサ……054
オギョウ……055
オシロイバナ……168
オダマキ……103
オトギリソウ……135
オトコエシ……196
オドリコソウ……024
オニタビラコ……023
オニノゲシ……046
オニノシコグサ……206
オニユリ……116
オハギ……202
オバナ……210
オミナエシ……196
オミナメシ……196
オモイグサ……137
オランダアヤメ……121
オランダカイウ……119
オランダセキチク……063
オランダナ……238

カ

カーネーション……063
ガーベラ……065
カイドウ……068
カエデ……093
カオバナ……138
カオヨグサ……079
カオヨバナ……098
カオリエンドウ……067
カガチ……142
カガリビバナ……231
カキツバタ……098
カキドオシ……048
ガクアジサイ……128
カザグルマ……118
カサブランカ……116
カスミソウ……063
カゼキキグサ……194・212
カゼマチグサ……240
カタカゴ……029
カタクリ……029
カタシログサ……151
カタバミ……123
カトレア……230
カトレヤ……230
カナムグラ……052
カノコユリ……116
カブトギク……209
カモアオイ……051
カヤ……210
カラー……119
カラアイ……200
カラウメ……235
カラスウリ……177・224
カラスオウギ……161
カラスノエンドウ……025
カラタチ……074・224
カラタチバナ……222
カラナデシコ……159
カラボケ……015
カラモモ……037
カルミア……101
カレンデュラ……061
カワヤナギ……011
カワラナデシコ……158
ガンジツソウ……238
カンゾウ……160
カントウタンポポ……021
カントウヨメナ……202
カンナ……173
カンヒザクラ……041
カンピョウ……176
カンボケ……015
キカラスウリ……177
キキョウ……144
キク……218
キスゲ……135
キチコウ……144
キツネノテブクロ……119
キツネノボタン……047
キハチス……170
キバナアキザクラ……202
キバナコスモス……202

キブネギク……205
キミカゲソウ……084
キュウリグサ……045
キュウリコウ……216
キョウチクトウ……169
キリ……071
キリンソウ……204
キンカ……171
キンギョソウ……120
キンセンカ……061
キンセンソウ……207
ギンナン……224
キンミズヒキ……207
キンポウゲ……047
キンモクセイ……216
ギンヨウアカシア……015
クキツ……074
クジャクソウ……164
クズ……182
クチナシ……130
グビジンソウ……082
クマガイソウ……056
グラジオラス……121
クリスマスローズ……233
クリンソウ……058
グレコマ……048
クレノアイ……139
クレマチス……118
クローバー……045
クロッカス……233
クロマツ……096
クンショウグサ……052
ケイカンカ……200
ケイトウ……200
ケキツネノボタン……047
ゲゲバナ……044
ケシアザミ……046
ケマンソウ……060
ケマンボタン……060
ケンギュウカ……156
ゲンゲ……044
ゲンゲン……044
ゲンノショウコ……163
コアオイ……171
コイワスレグサ……160
コウカ……108
コウカンボク……108
コウセツラン……032
コウブンボク……240
コウラン……085
コオニタビラコ……023
コーンフラワー……083
ゴギョウ……055
コゴメバナ……036
コシカ……138
コスモス……201
コゾグサ……113
コチョウカ……032
コチョウラン……230
コットンツリー……146
コデマリ……077
コハコベ……023
コヒルガオ……138
コブシ……034
コムラサキ……223
コヤスグサ……087
コンギク……197

サ

サギソウ……151
サクラ……038
サクラソウ……058
サザンカ……229
サシモグサ……028
サツキ……101
サツキツツジ……101
サトザクラ……041
サネカズラ……221
サフラワー……139
サフラン……233
サボテンギク……133
サルスベリ……166
サルビア……165
サワラビ……020
サンガイグサ……024
サンザカ……229
サンザシ……078・220
サンシキスミレ……232
サンシシ……130
サンシュユ……016・220
シオン……206
シカナグサ……194
ジギタリス……119
シキンサイ……030

シクラメン……231
ジゴクソウ……027
シソウ……124
シダクサ……053
シダレザクラ……041
シダレヤナギ……088
シチジュウソウ……058
シチヘンゲ……128・168
シトウ……072
シナレンギョウ……017
ジニア……165
シノブ……143
シノブグサ……053
シバザクラ……059
シビトバナ……214
シモクレン……034
ジャーマンアイリス……086
シャーレイポピー……082
シャガ……032
シャクナゲ……069
シャクヤク……079
ジャコウレンリソウ……067
シャゼンソウ……122
ジャパニーズ・バナナ……090
シャミセングサ……022
シャラノキ……111
シュウカイドウ……205
シュウメイギク……205
ジュウヤク……140
ジュウリョウ……222
ジュズダマ……209
ショウジョウボク……231
ショウブ……100
ショウブスイセン……032
ショウリョウバナ……180
ショカツサイ……030
シラン……085
シロツメクサ……045
ジンチョウゲ……014
スイートピー……067
ズイコウ……014
スイシカイドウ……068
スイセン……236
スイバ……113
スイフヨウ……170
スイレン……153
スエツムハナ……139
スオウ……036
スオウバナ……036
スカンポ……113
スギナ……027
スズカケノキ……091
ススキ……210
スズメノハカマ……123
スズラン……084
スズランスイセン……018
ストック……030
スナップドラゴン……120
スノーフレーク……018
スハマソウ……239
スベリヒユ……132
スミレ……050
スモウトリバナ……050
セイタカアキノキリンソウ……204
セイタカアワダチソウ……204
セイヨウアジサイ……129
セイヨウアブラナ……026
セイヨウアヤメ……086
セイヨウタンポポ……021
セイヨウニワトコ……075
セージ……165
セキチク……159
セッコツボク……075
セッチュウカ……236
セツブンソウ……239
ゼニアオイ……171
ゼラニウム……064
ゼラニューム……064
セリ……150
センジュギク……164
センダン……106
センニチコウ……164
センニチソウ……164
センリョウ……222
ソウビ……114
ソシンロウバイ……235
ソバ……180
ソバムギ……180
ソメイヨシノ……039・040
ソレル……113

タ

ダイアンサス……159
タイサンボク……110

タイツリソウ……060
タウチザクラ……034
タケ……095
タズノキ……075
タソガレグサ……176
タチアオイ……172
タチバナ……107
ダッチアイリス……086
タツナミソウ……048
タネマキザクラ……034
タビラコ……023・045
タマズサ……177
タマツバキ……226
ダリア……131
ダンゴバナ……077・199
タンポポ……021
チガヤ……112
チャ……228
チャノキ……228
チューリップ……062
チョウジグサ……014
チョウシュンカ……061
チョウチンバナ……136・208
チョウメイギク……061

ツイタチソウ……238
ツキクサ……145
ツキミソウ……126
ツクシ……027
ツクシンボ……027
ツクヅクシ……027
ツヅミグサ……021
ツツジ……070
ツバキ……226
ツバナ……112
ツマクレナイ……163
ツマベニ……163
ツヤブキ……217
ツユクサ……145
ツリガネソウ……136・208
ツリガネニンジン……208
ツワ……217
ツワブキ……217
テイカカズラ……102
デージー……061
テッセン……118
テッポウユリ……116
テンガイバナ……214
テングノハウチワ……234

テンジクアオイ……064
テンジクボタン……131
ドイツスズラン……084
トウショウブ……121
ドウダンツツジ……077
トキワシノブ……143
トキワハクレン……110
トキワハゼ……049
ドクイチゴ……123
ドクダミ……140
トケイソウ……118
トコナツ……158
トシコシグサ……113
トトキ……208
トミクサ……181
トリカブト……209

ナ

ナイトスターリリー……066
ナガミヒナゲシ……082
ナズナ……022
ナツツバキ……111

ナツハゼ……049
ナデシコ……158
ナナカマド……109・221
ナノハナ……026
ナバナ……026
ナルシサス……236
ナンテン……169・222
ナンテンショク……169
ナンテンチク……169
ナンバンギセル……137
ニシキギ……221
ニセアカシア……110
ニチニチカ……121
ニチニチソウ……121
ニチリンソウ……174
ニッコウキスゲ……135
ニッポンタチバナ……107
ニホンサクラソウ……058
ニホンズイセン……236
ニワトコ……075
ヌバタマ……161・223
ネコヤナギ……011
ネジバナ……122
ネジログサ……150

ネゼリ……150
ネソ……016
ネブノキ……108
ネム……108
ネムノキ……108
ネモフィラ……033
ノアザミ……124
ノイバラ……111
ノウゼンカズラ……167
ノカンゾウ……160
ノキアヤメ……100
ノギク……197
ノキシノブ……053
ノゲシ……046
ノコンギク……197
ノシュンギク……060
ノダフジ……072
ノハナショウブ……099
ノバラ……111

ハ

ハイビスカス……147
ハギ……194
ハクトウオウ……054
ハクモクレン……034
ハクレン……034
ハゲイトウ……200
ハコベ……023
ハコベラ……023
バショウ……090
ハス……154
ハチス……154・171
パッションフラワー……118
ハトムギ……209
ハナアヤメ……099
ハナカイドウ……068
ハナカンナ……173
ハナグルマ……065
ハナサフラン……233
ハナショウブ……099
ハナズオウ……036
ハナスベリヒユ……132
ハナタチバナ……107
ハナツメグサ……059
ハナナ……026
ハナニラ……018
ハナハシドイ……076
ハナミズキ……068
ハハコグサ……055
ハボタン……238
ハマオモト……149
ハマナシ……148
ハマナス……148
ハマバショウ……149
ハマヒルガオ……138
ハマユウ……149
バラ……114
ハリエンジュ……110
ハルコガネ……016
ハルジオン……046
ハルジョオン……046
ハルツゲグサ……240
ハルノノゲシ……046
ハンゲショウ……151
パンジー……232
ヒアシンス……019
ヒオウギ……161・223
ビオラ……232
ヒカゲグサ……051
ヒカンザクラ……041
ヒガンバナ……214
ヒグルマ……174
ヒゴロモソウ……165
ヒツジグサ……153
ヒトリシズカ……057
ヒナギク……061
ヒナゲシ……082
ビナンカズラ……221
ヒマワリ……174
ヒメオドリコソウ……024
ヒメジョオン……124
ヒメツルソバ……141
ヒメムラサキ……031
ヒャクジツコウ……166
ヒャクニチソウ……165
ヒャクリョウ……222
ヒヤシンス……019
ヒョウナ……132
ヒルガオ……138
ヒルザキツキミソウ……125
ビワ……234
ビンボウグサ……046
ファレノプシス……230
フウキグサ……080

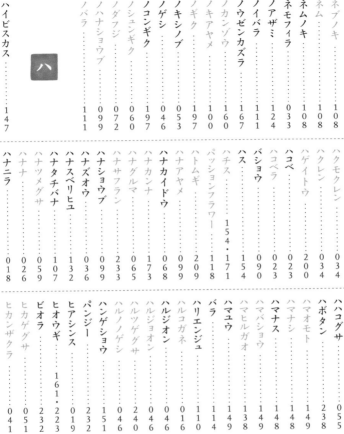

ブーゲンビリア……147
ブーゲンビレア……147
フウシンシ……019
フキ……010
フキグサ……100
フクジュソウ……238
フジ……072
フジバカマ……198
フソウ……147
ブタノマンジュウ……231
フタバアオイ……051
ブッソウゲ……147
フデリンドウ……213
ブドウヒアシンス……033
フユキ……010
フヨウ……170
フヨウ……154
プラタナス……091
フリージア……032
フリンジアイリス……032
プリムラ……058
ヘクソカズラ……162
ベコノシタ……152
ヘチマ……143
ベツレヘムノホシ……018
ベニバナ……139
ヘビイチゴ……123
ベルフラワー……136
ペンペングサ……022
ポインセチア……231
ホウシュンカ……238
ホウセンカ……163
ボウタン……080
ホウトウゲ……058
ホオズキ……142
ポーチュラカ……132
ボケ……015
ホシミグサ……218
ホタルグサ……145
ホタルブクロ……136
ボタン……080
ボタンイチゲ……064
ボタンナ……238
ホトケノザ……024
ホトケノザ……023
ホトトギス……206
ホヨ……094
ポリゴナム……141
ホリホック……172
ホロカケソウ……056
ホンスミレ……050

マ

マーガレット……085
マサキノカズラ……102
マダケ……095
マツ……096
マツバギク……133
マツバボタン……133
マツヨイグサ……126
マユハキグサ……057
マユミ……221
マリーゴールド……164
マロウ……171
マンサク……016
マンジュギク……164
マンジュシャゲ……214
マンリョウ……222
ミコシグサ……163
ミシネ……181
ミズバショウ……152
ミズヒキ……207
ミズヒキグサ……207
ミスミソウ……239
ミズメ……089
ミソハギ……180
ミツマタ……013
ミツマタコウゾ……013
ミドリハコベ……023
ミモザ……015
ミヤコワスレ……060
ミヤマヨメナ……060
ムギ……113
ムクゲ……171
ムスカリ……033
ムラサキ……134
ムラサキサギゴケ……049
ムラサキシキブ……223
ムラサキソウ……134
ムラサキハシドイ……076
ムラサキハナナ……030
ムレナデシコ……063
メイフラワー……078
メマツヨイグサ……126